Virginie Brac

Scénariste pour la télévision et le cinéma, Virginie Brac a notamment adapté pour le cinéma un roman de G.-J. Arnaud, *Les jeudis de Julie*. Plus récemment, elle a travaillé sur le scénario d'une mini-série sur *France 2*. Parmi les auteurs de polars féminins, elle est une valeur sûre. Elle a publié *Sourire kabyle* et *Mort d'un fauve* (Fleuve noir, 1982 et 1983), *Miss Monde chez les anges* (Seuil, 1984), *Cœur-caillou* (Fleuve noir, 1997) et, bien sûr, *Tropique du pervers* en 2000. Dans *Tropique du pervers*, comme dans son dernier ouvrage *Notre-Dame des barjots* – qui paraîtra en octobre 2002 aux éditions Fleuve noir, elle nous fait découvrir un milieu qu'elle connaît bien, puisqu'elle a observé le travail d'un centre d'intervention psychiatrique pendant plusieurs semaines. Elle a par ailleurs obtenu un diplôme de psychologie, après des études en France et aux États-Unis, où elle a effectué un stage de psychologie au sein d'une prison.

TROPIQUE DU PERVERS

DU MÊME AUTEUR
CHEZ POCKET

NOTRE-DAME DES BARJOTS
DOUBLE PEINE

VIRGINIE BRAC

TROPIQUE DU PERVERS

PROFESSION PSY

FLEUVE NOIR

ISBN : 2-266-14675-0

1

Au fond, j'ai un faible pour les dingues. Les barjots, les cinglés, les mal-cuits, les cinoques, les névrosés, les psychotiques, les fous. C'est peut-être comme ça qu'on devient un bon psy. Ou bien le contraire.

Au début, j'observais mes patients à distance confortable, sans m'investir, comme on dit. J'étais une psy très comme il faut, à part ce vide dans ma poitrine. Aujourd'hui, les choses ont un peu évolué. Je travaille sans filet. Quelque part sur l'autoroute du Nord, alors que mes yeux scrutent anxieusement les panneaux qui défilent dans la lumière des phares, je me demande ce qu'il est advenu de ce vide minuscule.

L'accès à la station-service est barré par des agents en tenue phosphorescente qui examinent brièvement mon caducée tricolore un peu trop neuf. Ils se posent des questions sur l'opportunité de ma présence mais ils me laissent passer. Je me gare au milieu des éclats désordonnés d'une dizaine de gyrophares, dans une suffocante odeur d'essence.

— Vous êtes le psychiatre du C.I.P. ? demande le

capitaine des pompiers en me serrant la main. Merci, vous avez fait vite.

Il me désigne, au-delà d'un périmètre de sécurité défini par de larges bandes de Scotch orange, une silhouette assise sur un bidon d'essence, calme, pensive.

— Qu'est-ce qu'il tient dans la main ? Une arme ?

— Mieux que ça. C'est le tuyau de la pompe. Il s'est aspergé de carburant. Vous voyez les flaques par terre ? Il y en a partout. Il le fait exprès, évidemment. Ça coule et il n'y a aucun moyen d'arrêter la fuite…

— Pourquoi ?

— Regardez-le bien. Il tient un briquet dans sa main gauche. Vous voyez ? Si on approche, il fait sauter toute la station.

Je désigne des formes humaines massées derrière les vitres du petit centre commercial attenant au garage.

— Il a enfermé des gens dans la boutique ?

— Exact. Il a bloqué toutes les issues. Il sait que la boutique et la cafétéria sont construites sur le réservoir qui alimente la station. On n'a aucune chance de les sauver. Il travaille ici le week-end, il connaît bien le terrain.

— Il a formulé une revendication ?

— Pas un mot. Le caissier nous a téléphoné il y a une demi-heure. L'homme s'appelle Bruno Romer. Il n'est pas fiché.

— Il a un dossier psychiatrique quelque part ?

— On fait des recherches.

Il me tend le mégaphone.

— Vous pensez pouvoir négocier ?

Je manque de rétorquer que je ne serais pas là si je ne le pensais pas mais je me tais. Si j'ai simulé des dizaines de négociations pendant ma formation et visionné au moins autant de cassettes, en réalité c'est la première fois que j'interviens pour de bon.

Plutôt crever que de laisser mon interlocuteur s'en apercevoir. Après avoir dignement refusé le mégaphone, je contourne d'un pas vif les véhicules rouges pour m'avancer à découvert, bien en vue du forcené.

L'homme bondit sur ses pieds :

— J'allume ! braille-t-il. Vous faites un putain de pas de plus et j'allume !

— Bruno, on ne peut pas discuter à cette distance.

— Pourquoi vous voulez me parler ? Je vous connais pas !

— Je sais. Je suis médecin. Je voudrais vous aider...

— J'ai besoin de personne !

Stop ! Plus un geste. Le briquet vient de passer de la main gauche dans la main droite.

— Dites-moi au moins pourquoi vous faites ça...

Une bonne chose que personne n'ait jugé utile d'allumer des projecteurs. La seule source de lumière demeure le centre commercial avec ces silhouettes collées contre les vitres, ridicules et tragiques.

Suit un grand silence. En arrière-plan, le grondement sourd des voitures défilant sur l'autoroute. Je le distingue à peine, grand, avec un visage très pâle, des tempes dégarnies malgré sa jeunesse, un visage étroit bleui par une barbe de plusieurs jours. Un vieux jean, un blouson sale, des baskets. Et l'affolante puanteur de l'essence.

— Bruno... C'est quoi le problème ?

— Y a pas de problème.

Assis sur son bidon, la tête dans les mains. A première vue, il ne paraît pas dans un état délirant ; seulement désespéré, ce qui ne vaut pas mieux.

Il relève brusquement les yeux. J'ai profité de la conversation pour me rapprocher d'un bon pas.

— Arrête ! crie-t-il. Je sais très bien que tu cherches à m'enculer mais tu vas voir ! Je vais tout faire sauter !

— Ne t'énerve pas, plaidé-je. On peut discuter, non ? T'es planté au milieu d'une mare d'essence et personne ne comprend rien.

— J'en ai ma claque, c'est tout. C'est… C'est trop, voilà.

— Qu'est-ce qui est trop ?

— Qu'est-ce que ça peut te foutre ?

— Ecoute, tu vois où je suis ? Si tu allumes, je crame avec toi… Tu peux me respecter, non ?

Soudain le reste du monde s'efface, mes analyses, mes trucs, mes petites recettes. Tout disparaît. Il ne reste que lui et moi. On dirait qu'il l'a compris.

— Va-t'en, fait-il avec lassitude. J'allumerai quand tu seras partie.

— Merci. Mais eux, là…

Je désigne les malheureux qui s'écrasent derrière les vitres.

— Ils ne t'ont rien fait. Je veux dire… Ils n'y sont pour rien, non ?

Pas de réaction. J'attends en respirant doucement, tout doucement, avant de reprendre à voix basse :

— Allez, Bruno, laisse-les sortir. Il y a des gosses là-dedans… Ce n'est pas possible, quand même… T'es pas comme ça.

— Qu'est-ce que t'en sais ?

— Ça se voit. Tu es quelqu'un de bien, Bruno. Tu n'as peut-être pas eu de chance mais au fond, tu es quelqu'un de bien.

Un cri de rage, debout, tremblant, à moitié fou :

— C'est faux ! C'est faux ! T'as rien compris, connasse ! Je suis une merde ! Une grosse merde !

J'entends claquer le couvercle du Zippo. Instantanément, une sueur froide vient coller ma chemise à mon dos. Une voix braille dans le mégaphone, nous faisant sursauter tous les deux :

— Bruno Romer, rendez-vous ! Dernière sommation !

Hargneuse, je hurle à l'intention du crétin qui interrompt mon tête-à-tête :

— Taisez-vous ! Fichez-nous la paix !

Je cours vers Bruno, profitant de sa stupeur pour me placer devant lui. A présent, je discerne clairement son teint gris, les rides et les ongles noirs de la débine. Bruno ne doit pas travailler souvent dans cette station-service, ni beaucoup. Je lui souris.

— Bonjour.

Il me regarde, un brin effaré :

— Pourquoi tu fais ça ?

— Donne-moi le briquet… On va laisser ces gens sortir et puis on prendra un café.

Nous sommes presque enlacés et il a mauvaise haleine. J'éprouve un sentiment d'irréalité. Qu'est-ce que je fous là ? Pourquoi risquer ma vie pour un paumé de plus ?

— J'ai baisé la femme de mon frère, lâche-t-il.

Si, pour lui, cela justifie la mort de cinquante personnes, il n'y a pas de quoi rire.

— Tu es amoureux d'elle ?

Je lis dans ses yeux que oui.

— Il est au courant ?

Il secoue la tête, lentement.

— La petite, c'est ma fille.

— Et ton frère ne le sait pas ?

— Non. Il a le garage, il a Solange. Il est beau mon frère. Ma mère, elle dit que je suis bon à rien. C'est vrai, j'ai jamais rien fait.

— Sauf la petite. La petite, elle est à toi.

— …

— Tu l'aimes, ton frère ?

Hochement de tête. Hélas, oui. Sans doute plus que lui-même.

— … Je ne peux pas lui dire. J'y arrive pas. Je peux pas lui faire ce coup-là. Je suis une merde, une vraie merde.

Malgré les petites affichettes interdisant l'usage des portables, je décroche celui que je porte à la ceinture.

— Appelle-le. Dis-lui de venir te chercher. On ira s'asseoir et on parlera tous les trois.

— Ils me laisseront pas, ils vont m'embarquer…

— On prendra un café d'abord, je te le promets. Allez, vas-y. Dis-lui de venir seul.

Les flics doivent se demander ce que je fabrique. Je les sens dans mon dos, prêts à bondir.

Bruno pose sur moi un regard dont tout espoir a disparu depuis longtemps. Au point où il en est, même s'il avait voulu croire en quelque chose, il n'aurait pas su comment s'y prendre.

— Alors tout ça ? fait-il avec un geste vague en direction des flaques irisées autour de nous, c'était pour rien ?

— T'es pas un assassin. Ce n'est pas rien.

Accablé, vaincu, il me tend enfin les clefs du centre commercial. Loin de triompher, je le laisse composer le numéro de son frère, adressant aux flics un discret signe d'apaisement. Il ne faut surtout pas qu'ils bougent. Bruno n'a pas lâché le briquet.

— Allô Pascal ?… C'est Bruno… Pascal… Il faut que je te parle. Pascal… Je vais me tuer…

La sueur ruisselle sur son visage. Cassé par les sanglots, il laisse tomber l'appareil. J'enchaîne très vite, donne au frère les précisions nécessaires. Bruno est à genoux. A peine lui ai-je doucement ôté le Zippo des mains que j'entends un sprint dans ma direction. On m'arrache les clefs.

Furieuse, je fais volte-face pour me trouver nez à nez avec un homme d'une trentaine d'années dont la carrure d'athlète sanglée dans un costume anthracite trahit le flic gradé.

— Vous ne voyez pas que je suis avec un patient ?

— C'est à notre tour maintenant, docteur.

— Qui êtes-vous ?

— Capitaine Sedan. Je dirige l'opération.

— Eh bien, capitaine, occupez-vous des otages, je n'ai pas terminé.

— ...

Il doit avoir l'habitude qu'on s'adresse à lui avec ménagements car son regard me sonde avec une telle acuité que je me sens scannée. Peut-être suis-je en train d'apparaître sur un écran quelque part. Qu'importe, ses états d'âme ne m'intéressent pas. Je suis bien trop occupée à dissimuler mes mains qui tremblent.

— Je vous laisse un quart d'heure, conclut-il avant de s'éloigner.

Un peu plus tard, le capitaine des pompiers s'avance vers nous en compagnie d'un clone de Bruno. Stupéfaite, je m'entends croasser :

— Vous êtes jumeaux ?

Homozygotes de toute évidence.

Bruno a relevé la tête, le regard chargé de tendresse. Le double, lui, n'en croit ni ses yeux ni ses oreilles. Il porte des vêtements bien coupés, une gourmette en argent au poignet, et possède les manières souples d'un homme bien dans sa vie.

— Putain, Bruno, qu'est-ce que tu as fait ?

Bizarrement, c'est plutôt à moi qu'il s'adresse. Je le

gratifie de mon sourire de fonctionnaire en mission, classe frigo.

— Votre frère voudrait avoir un entretien avec vous avant d'être emmené au commissariat. Venez, on a tous besoin d'un café.

Sur un signe du capitaine Sedan, un agent en tenue nous accompagne jusqu'à la cafétéria qui vient d'être évacuée. Une épaisse odeur de sueur mêlée à des relents d'essence et de neige carbonique nous prend à la gorge. L'endroit semble encore plein de la terreur animale qu'il a contenue.

L'agent nous laisse entre nous, dans une semi-pénombre qui n'améliore guère la pestilence ambiante. Tant pis pour moi. Après tout, personne ne m'a braqué un pistolet sur la tempe en ordonnant : « Véra, arrête le cabinet. » « Le cabinet », c'est-à-dire la pratique d'une activité libérale, s'apparente dans mon milieu à une sorte de Dieu. Puisque j'ai changé de culte pour devenir psychiatre d'urgence, je dois me résigner à passer mes nuits dans des endroits hostiles, en compagnie des damnés de la terre, ceux qu'un délicat euphémisme décrit parfois comme étant « mal ».

Assis l'un en face de l'autre de chaque côté de la table, Pascal et Bruno s'observent. Ou plutôt, Bruno, accablé, les yeux rivés sur le Formica bleu, laisse Pascal, sûr de lui et de son bon droit, l'observer.

— Ben alors ? dit enfin celui-ci. Qu'est-ce qui t'a pris ?

On le sent mécontent de se retrouver ici, en pleine nuit, plongé au cœur d'un fait divers. Il en veut à Bruno de le mêler à tout ça, lui, un honnête citoyen. Son double clodo le gêne. Devant le silence de Bruno, Pascal se tourne vers moi. Je me tais, évidemment.

— … Jocelyne et moi, commence soudain Bruno.

— Ouais ?

— Jocelyne et moi… Solange…

— Ouais, bon, Jocelyne ou Solange ? grince le jumeau, excédé.

Il paraît sur le point de s'en aller mais les agents en tenue devant la porte lui rappellent que, le désastre ayant été évité de peu, la famille a quelques comptes à rendre. Avec un soupir, il se résigne à écouter.

— Solange est ma fille, balbutie Bruno.

Silence. Pascal renifle un petit coup avant de déclarer :

— Je sais.

Le pauvre double manque en tomber de sa chaise.

— Elle te l'a dit ? bredouille-t-il.

— Pauvre cloche, assène le jumeau. Tu te souviens, les oreillons que j'ai eus quand j'ai fait mon service ?… Ah non, tu te souviens pas, t'étais inapte… Eh bien, je suis stérile. Alors, quand la gamine est née et qu'elle me ressemblait comme deux gouttes d'eau, qu'est-ce que tu voulais que je comprenne ?

2

C'est fini. Le ciel blanchit, les néons prennent un air engourdi, la neige carbonique forme sous nos pieds un tapis gras et spongieux. La goutte au nez et les pieds froids, je regarde des policiers embarquer Bruno dans le car tandis que le jumeau monte dans son Audi sans un regard pour lui.

— Arrêtez !

Les flics se tournent vers moi, livides eux aussi, fatigués.

— Pas de menottes. Il n'est pas dangereux…

— Ah non ? grince le sergent.

— J'ai pas tout compris alors, murmure le second.

Une fois de plus, ils se demandent pourquoi on leur impose un psy dans les négociations avec les forcenés, même venant du très discret Centre d'Intervention Psychiatrique dont le numéro de téléphone reste réservé aux forces de police, pompiers, hôpitaux, médecins et centres sociaux.

Le capitaine Sedan surgit devant moi avec ses yeux brillants enfoncés sous des sourcils épais et, dans la lumière blafarde de l'aube, il me paraît très jeune pour le rôle.

Il se place délibérément entre le car et moi comme pour m'épargner la vue du chien malade qu'on va piquer.

— Franchement, docteur, vous ne vous êtes pas mal débrouillée. Le docteur Faivre n'aurait pas fait mieux. J'ai entendu dire qu'il était parti en province…

— Oui, je le remplace.

Me prenant délicatement par le coude, il m'entraîne vers ma voiture. Je me sens incapable de résister, molle. Je me contente d'adresser à Bruno un signe de la main. Ma mission s'arrête là, avec celle des pompiers qui, méthodiquement, rangent leur matériel.

— Qu'est-ce qui va lui arriver ? Cet homme doit être suivi. Il est récupérable, vous savez…

Pour toute réponse, ses prunelles gris trottoir m'observent intensément. Il a l'air de se demander à quelle catégorie j'appartiens : animale ou végétale ?

— Vous avez l'air fatigué, docteur. Vous voulez qu'on vous raccompagne ?

— Non. Ça va, merci.

Ma nuit de garde s'achève sur un succès qui ne me procure aucune fierté. A peine la satisfaction d'une tâche exécutée correctement. Je n'ai plus qu'à rentrer au Centre rédiger le rapport de l'intervention que mes collègues de jour étudieront, classeront. Nous sommes six à nous répartir le travail, de jour comme de nuit, et autant d'infirmiers. Peu de monde si on considère que nous couvrons un territoire s'étendant sur deux départements au nord-est de Paris, du périphérique nord à Goussainville, Aulnay, Villepinte, jusqu'aux zones plus résidentielles de Brie-sur-Marne, Villiers-sur-Marne, Champigny… Cela me promet beaucoup de kilomètres, de stress, d'inconfort et de nuits sans sommeil, mais, au moins, je me sens exister. Reste à savoir pourquoi.

En rentrant chez eux, la plupart des gens ne trouvent pas de message sur leur répondeur. La machine se fait toute petite, honteuse de son inutilité, engourdie comme un vieux toutou paresseux. Ces gens-là ne connaissent pas leur bonheur. Le mien ressemble à une secrétaire anorexique dopée aux amphétamines, survoltée, performante, emmagasinant des messages dans toutes les langues et toisant, avec tout le mépris de ses ongles impeccables, son patron au bord du dépôt de bilan. Ce matin la machine indique huit messages, ce que je juge excessif, injuste même, vu ma fatigue. Je m'octroie un léger répit et, avant de les écouter, opte pour des œufs brouillés au saumon, avec peut-être un peu de ce coulis d'oignons acheté chez Marks & Spencer un soir d'hiver.

Comme d'habitude, drelin drelin, le téléphone me dérange à un moment crucial de la cuisson des œufs. C'est mon cousin Théo, celui qui se paie depuis quelques mois le luxe d'une rupture avec la famille, tous des cons, honnis, vomis, sauf moi.

— Tu as eu mes messages ? attaque-t-il d'emblée.

— Je viens de rentrer.

— A cette heure-ci ? Franchement, tu aurais dû garder ton cabinet, au moins les horaires étaient peinards.

— Et si j'en avais assez d'être peinarde ?

— J'ai besoin de la perceuse d'Angel, déclare-t-il sans m'écouter.

Qu'est-ce que je disais ? Plus les Cabral ont de corvées à vous faire faire, plus ils vous laissent de messages.

— Je ne l'ai pas, bâillé-je.

— Je sais, elle est chez tes parents. Ton père en a eu besoin quand il a refait la cuisine. La prochaine fois que tu y vas, tu l'embarques. Aujourd'hui, par exemple, ce serait parfait…

— Ecoute, vas-y toi-même ! Je n'ai pas que ça à faire, figure-toi !

— Tu sais bien que je ne parle plus à personne. Allez, sois sympa, j'en ai hyper besoin. Roland menace de me quitter si je n'installe pas les étagères de la bibliothèque ce week-end.

— J'espère pour toi que votre relation ne dépend pas de trois étagères.

— Pour la première fois de ma vie, je suis heureux, Véra ! Tu te rends compte ?

— O.K., O.K., ça va, j'ai compris. Excuse-moi mais je ne peux pas te parler, là. Il faut que je dorme.

— Hé, Véra ?

— Quoi encore ?

— Je te souhaite la même chose, tu sais. Le grand amour, il n'y a que ça de vrai dans la vie.

— C'est ça. On se rappelle.

Les œufs sont froids, le coulis d'oignons périmé. D'ailleurs je n'ai plus faim. Je décide d'aller directement au lit. Je passerai prendre la perceuse plus tard dans l'après-midi, avant de retourner au Centre.

Chez mes parents, on prépare le dîner. Ma sœur Rosemarie, notre numéro 6, Maxence, son mari, et leurs trois enfants sont déjà installés dans la cuisine.

— Tenez ! s'exclame ma mère en me voyant entrer. On n'a qu'à demander à Véra ! C'est son métier, non ?

Je flaire le sac d'embrouilles. Dans ma famille, chacun se soucie de mon expérience de psychiatre comme de son premier tuba. Si on décide brusquement de me demander conseil, j'ai donc tout lieu de m'inquiéter. Le visage enflammé par la discussion qui l'oppose à sa mère, Rosemarie se tourne vers moi. Papa et Maxence semblent momentanément réduits au silence.

— Mélanie veut se faire refaire les seins ! annonce-t-elle, tragique.

Je renonce sur-le-champ à m'asseoir, à prendre un morceau de gâteau et un verre de thé. Nous sommes sept frères et sœurs, issus des mêmes parents, une fière et noble fratrie à laquelle chacun a survécu tant bien que mal. Mélanie, dix-huit ans, est la fille de mon frère Didier. S'il existe une chose dont je n'ai pas l'intention de me mêler, à Dieu ne plaise, c'est bien des affaires de ce dernier, surtout en ce moment où je nourris quelques doutes sur moi-même.

— C'est son droit à cette gamine ! insiste Rosemarie avec une étonnante virulence.

J'adopte un ton résolument neutre :

— Absolument. Papa, je suis venue récupérer la perceuse d'oncle Angel…

— Quoi ? glapit ma mère. Toi, une psychologue, tu es d'accord pour laisser perpétrer ce massacre ? Tu vas la laisser se faire charcuter sans parler à ton frère ?

— Psychiatre, maman, précise Rosemarie, fielleuse.

— Et alors ? C'est une raison pour laisser sa nièce entre les mains d'un boucher ? crie ma mère avec des flammes dans les yeux. Et au nom de quoi ? De ta science pourrie de psychomachin ? Allez, vas-y ! Donne-moi tes arguments que je puisse rigoler un peu.

Son ton met quiconque au défi d'en rire. Moi, bonasse :

— Maman, ça ne me regarde pas. Je suis venue chercher la perceuse d'Angel.

Puis, à Rosemarie :

— Je n'ai jamais dit que c'était une bonne idée, j'ai simplement reconnu que c'était son droit.

— Ah ! explose ma mère. C'est tout à fait différent ! Tu vois, Véra n'est pas d'accord ! C'est ce que je pensais.

Brusquement radoucie :

— Qu'est-ce que tu veux, ma fille ? La perceuse d'Angel ? Maxence, tu vas la chercher s'il te plaît ?

— Tu es gentille, intervient mon père, mais je ne veux pas qu'on fouille dans mon placard à outils.

— Pour ce qu'il en reste, de tes outils ! Même la perceuse, il faut que tu l'empruntes à Angel !

— J'y vais moi-même, coupé-je en sortant dans le couloir au moment où Rosemarie, blême, lance à mon intention :

— Tu es tellement réac, Véra, on croirait presque que tu es normale !

Je pile. Tant pis pour la perceuse.

— Pardon ?

Chez les Cabral, le calme est l'indice certain d'une forte aggravation de la querelle.

Mes parents se taisent, le regard de ma mère sur moi, suppliant, douloureux. Comme d'habitude, je ressens à sa place le choc, l'horreur du jour de l'accouchement, quand on lui a présenté son bébé. Ce bébé, c'était moi, sa souffrance la mienne, et j'en garde la chair de poule pour le restant de mes jours.

Rosemarie a détourné les yeux en marmonnant :

— Eh ben quoi, c'est vrai, non ? Tu te complais là-dedans alors que tu pourrais voir un chirurgien ! Maman dit qu'il suffit que tu prennes la décision…

Je la regarde fixement, m'étonnant de me sentir aussi blessée. Pourtant, je sais ce que je suis. Rien de nouveau. Comment se peut-il que ces petites piques sans importance fassent encore aussi mal ?

— Tu t'améliores, affirmé-je. Avant tu étais juste une chipie, maintenant tu es une salope.

Dans l'entrée, juste avant que la porte ne claque, la voix irritée de ma mère me parvient :

— Et voilà ! Elle n'a rien mangé ! Merci, Rosemarie ! Tu es contente ?

3

Dès la seconde nuit, il s'avère qu'on ne m'a pas engagée pour rien. Le Centre est débordé d'appels. Je suis même obligée de prendre ma garde avec deux heures d'avance parce que Hélène et Jérôme interviennent au Stade de France où un débordement de hooligans a déclenché une panique générale, faisant deux morts et des dizaines de blessés. Si les heures supplémentaires ne me gênent pas, rester seule avec Sheila constitue, en soi, un problème.

En théorie, avec ses quatre-vingts kilos de chair rose coincés derrière son standard, Sheila est seulement chargée de noter les appels et de répartir les interventions en fonction du personnel soignant qu'elle a sous la main. En pratique, elle s'est emparée du petit pouvoir que lui confère cette fonction pour s'ériger en juge de qui, parmi les psychiatres de garde, est digne de tel ou tel cas, qui va bouffer du kilomètre et qui va pouvoir dormir une heure. Décrétant, tranchant, boudant à droite et souriant à gauche, se plaignant longuement que son travail l'ait rendue insomniaque, elle représente le grain de sable qui peut transformer votre vie en enfer.

Dans mon cas, cela semble son unique but et elle y parvient à merveille.

Je viens de rentrer d'une mission sans intérêt dont j'aurais pu m'acquitter au téléphone, si Sheila avait daigné me passer l'interlocuteur au lieu de m'envoyer directement au front, mais il me paraît mal avisé de lui en faire reproche. J'espère aussi que mon succès de la nuit précédente me vaudra une légère amélioration du climat.

— Rien pour moi ? hasardé-je en passant la tête dans l'embrasure de la porte.

Elle est précisément en ligne avec un interlocuteur qui réclame l'assistance du C.I.P. mais elle fait non de la tête, le regard aussi courroucé que si je l'empêchais de travailler, le front soucieux.

J'attends poliment qu'elle ait raccroché pour m'enquérir de ce qui se passe.

— ... C'est important, grommelle-t-elle en passant devant moi.

J'allume une cigarette tandis qu'elle arpente le couloir à la recherche de ses chouchous, lesquels ne sont, selon moi, pas près de rentrer.

— Etienne n'est pas arrivé ? demande-t-elle à une infirmière.

— Peut-être qu'il se cache dans les toilettes, suggéré-je.

— Ce n'est pas drôle, Véra, c'est une T.S.

— Pourquoi ne me donnez-vous pas la fiche ?

C'est toujours intéressant de voir jusqu'où les gens sont capables d'aller pour le simple plaisir de vous emmerder.

— Ecoutez, Véra, ne le prenez pas pour vous mais...

— Sheila, vous allez arrêter votre bizutage ou je vous fais licencier pour faute grave.

— C'est médiatique ! proteste-t-elle d'une voix

aiguë. La femme de Paul Belmont veut se tuer, elle est sur le toit de sa maison !

Je lui arrache le bordereau des mains.

— Qu'est-ce que vous attendez, bordel ? Qu'elle saute ?

Elle me promet avec hargne que je vais en entendre parler, menace qui me laisse de marbre. On ne peut pas être copain avec tout le monde.

Dans la R19 blanche, généreusement équipée d'une radio par l'administration, j'obtiens les renseignements dont j'ai besoin. Céline Belmont, quarante-trois ans, femme du député Paul Belmont, a perdu un enfant dans des circonstances dramatiques, trois ans auparavant. Elle est suivie pour dépression avec un banal traitement au Prozac qui me semble sans rapport avec la gravité de son état.

Vingt minutes plus tard, je pénètre en trombe dans une vaste propriété où se dresse une demeure bourgeoise, éclairée de l'intérieur tel un décor de théâtre. Le rectangle turquoise de la piscine étincelle au milieu de la pelouse. Je distingue immédiatement la silhouette fragile de la femme sur la corniche du toit, un pan de robe longue flottant délicatement dans le vent, solitaire et perdue en elle-même. Détail inattendu, une centaine de personnes en tenue de soirée observent la scène, une coupe de champagne à la main, le cou tordu en arrière. En entendant mes pneus crisser sur le gravier, ils opèrent avec un bel ensemble un mouvement basculant des cervicales pour tourner leurs regards vers moi. J'ai alors la fulgurante impression qu'on vient de libérer tous les lamas du zoo de Vincennes.

Deux voitures de police banalisées sont discrètement garées dans le coin le plus obscur du parking. Aisément identifiable à sa carrure, je reconnais le séduisant capitaine Sedan, en grand conciliabule avec d'autres flics en costume gris. Ils m'observent avec des visages glacés pendant que je me gare, laissant deviner le même enthousiasme que celui que j'éprouve à leur égard.

Dans ce contexte, j'aurais de loin préféré m'extraire avec grâce et vélocité de mon véhicule au lieu de batailler cinq bonnes minutes avec le mécanisme défectueux de ma ceinture de sécurité. Maudissant la radinerie du C.I.P. qui laisse tomber en ruine ses véhicules de fonction, je parviens enfin à sortir de la R19. Sedan, qui surveille mes progrès du coin de l'œil tout en communiquant avec un collègue dans son talkie, me gratifie d'un « bonsoir » laconique.

— Vous l'avez vue ? demande-t-il d'emblée. Elle a choisi son jour ! Dire qu'il y a des journalistes parmi les invités. Il faut traiter ce cas avec le maximum de discrétion.

— Rassurez-vous, susurré-je, je n'appelle pas France Info chaque fois que je pète.

Je regrette mais ça m'a échappé. Le ton qu'il a pris sans doute. Du coup, il m'observe avec un mélange de curiosité et de répulsion.

— Je voulais simplement vous avertir, précise-t-il froidement. Qu'est-ce que vous comptez faire ?

— A ma connaissance, il n'existe qu'une seule façon d'empêcher quelqu'un de se jeter dans le vide…

— Laquelle ?

— On y va et on fait ce qu'on peut.

Je m'arrange pour lui écraser le pied au passage et me dirige tout droit vers la maison en lançant pardessus mon épaule :

— Dites à ces gens de partir. Ils ont eu le fromage, il n'y aura pas de dessert…

Chouette baraque. Une décoration raffinée, pas au point d'alerter les électeurs mais qui montre beaucoup d'aisance. Mes pieds s'enfoncent dans une moquette coquille d'œuf tandis que je traverse un univers de soie beige et rose, de petits guéridons, de bibelots délicats. Je décèle quelque chose de prétentieux dans cet intérieur, d'artificiel, qui ne colle pas avec la brutalité du désespoir de la femme sur le toit. En attaquant les premières marches du large escalier qui grimpe vers les étages, l'idée me vient que la maison a peut-être été livrée aux mains d'un décorateur. Ou d'une autre femme.

Arrivée au second, je découvre rapidement la fenêtre par laquelle Céline Belmont est passée. J'y vais de mon baratin habituel, pour l'instant je n'en ai pas d'autre.

— Madame Belmont, je suis le docteur Cabral… La police m'a appelée, ils ont très peur pour vous en bas…

J'enjambe la fenêtre pour me rapprocher un peu. Je voudrais la sentir, éprouver ce qu'elle éprouve face au vide, la terreur et la fascination.

D'en bas nous parvient le claquement des portières de voiture tandis que les véhicules des invités quittent le terrain à la queue leu leu. Ils ont même éteint la piscine.

— Ne vous inquiétez pas, je n'essaierai pas de m'approcher de vous… Je veux seulement vous parler… mais je peux vous aider…

Pour la première fois, elle tourne la tête vers moi :

— Je vais changer de vie, murmure-t-elle.

— Se tuer, ce n'est pas changer de vie, c'est cesser de vivre.

Pas de réponse. Je continue sans me décourager à

tracer la voie d'un retour en arrière, à montrer que le suicide n'est pas inéluctable.

A présent, je la vois comme en plein jour. Une silhouette longiligne dans une robe de mousseline de soie noire qui lui tombe jusqu'aux pieds, retenue sur les épaules par de fines bretelles. Pas de soutien-gorge, des seins menus, de très beaux bijoux. Le mari a dû insister pour qu'elle les porte. Ses cheveux sont coupés court, simplement, dégageant une nuque flexible.

— Pourquoi n'avez-vous pas arrangé vous-même votre maison ? demandé-je après un long silence.

Je marque mon premier but. Elle me regarde à nouveau, surprise malgré elle. Je lui souris.

— Ça se voit tout de suite, lui dis-je en manière d'excuse.

— Ce n'est pas ma maison.

— Ce n'est pas votre vie non plus… Mais vous pouvez en sortir autrement qu'en vous supprimant.

Plantée au bord de cette fenêtre comme un crampon d'alpiniste, j'ai réussi à capter son attention. Doucement, mécaniquement, elle évoque le vide, la paix, la mort comme refuge. Peu importe les mots, ils ne sont destinés qu'à former une sorte de pont suspendu entre nous.

En bas, on ne distingue plus que les deux voitures de police et des silhouettes masculines immobiles, vigilantes, communiquant à coups de talkie. Je commence à sentir la victoire à ma portée mais je dois lui montrer la sortie.

— Céline, ce n'est pas compliqué. Vous pouvez descendre avec moi, monter dans ma voiture et ne jamais revenir. Ne jamais revoir votre mari, ni personne. Vous pouvez rompre avec votre passé. Vous n'êtes pas obligée de vous tuer pour cela. Vous avez peur ?… De quoi ? De votre mari ?

Battement de cils, respiration accélérée. D'accord, d'accord.

— Légalement, il ne peut rien faire pour m'empêcher de vous emmener. Une fois dans ma voiture, nous irons à l'adresse que vous m'indiquerez. Des amis, un hôtel, peu importe. Je vous déposerai et nous prendrons rendez-vous pour nous voir au Centre…

Je sens à un imperceptible frémissement, à un réchauffement de la nuit, que la vie lui revient. Elle s'apprête à faire demi-tour, ce n'est plus qu'une question de minutes. Je ne m'occupe plus des flics, ni de rien d'autre que de ramener cette femme sur la terre ferme.

— Céline… Prenez ma main… On va descendre l'escalier et monter directement dans ma voiture. Vous n'aurez pas à vous expliquer. Je les appellerai de mon portable. Céline… C'est facile, je vous le jure.

Lentement, elle se tourne vers moi. Bien qu'elle soit trop loin pour que je puisse la toucher, je tends le bras pour raccourcir la distance qui nous sépare. Elle fait un pas, puis deux, dans ma direction, s'appuie avec précaution à la pente d'ardoise. Soudain, ses yeux s'agrandissent d'horreur. Je hurle :

— Céline !

Malgré une contorsion grotesque pour se retenir, elle perd l'équilibre, bascule et plonge, happée par le vide.

Mon cri s'éteint au moment où retentit le choc de son corps s'écrasant sur les dalles qui entourent la maison. Je ferme les yeux.

Quand je les rouvre, une seconde ou deux plus tard, les projecteurs éclairent à nouveau le jardin et le corps désarticulé de Céline Belmont gît au milieu d'un cercle de chaussures pointure 45.

4

Que s'est-il passé ? Elle n'a pas sauté ! Ses pupilles dilatées, sa bouche s'ouvrant pour refuser son sacrifice, toute sa vie résumée dans cette seule expression. Elle a perdu l'équilibre au moment où elle renonçait à sauter, comme si la poisse lui collait à la peau. Comment a-t-elle pu tomber ? Elle n'a ni trébuché, ni glissé. Ses pieds se sont posés avec précision sur la corniche. Des sandales vernies noires, presque plates, rattachées à la cheville par des lanières aussi fines que les bretelles de sa robe. Un modèle entrevu dans un magazine, signé Chanel je crois. Des sandales Chanel, une robe de chez Trucmuche, un petit ballot de linge jeté sur le gravier par un Dieu négligent.

J'en aurais pleuré de rage.

— Docteur ? Docteur, vous venez ? M. Belmont vous attend…

Lentement, je me tourne vers le capitaine Sedan. L'expression navrée de son visage me surprend. Il est désolé pour moi, Sedan, aussi bizarre que cela paraisse. D'un geste spontané, il passe un bras autour de mon épaule et me fait pivoter vers l'intérieur. Je grommelle :

— Merci, ça va aller…

Devinant sans doute à quel point je suis secouée, il me tient la main pendant que j'enjambe gauchement la fenêtre en sens inverse.

— Capitaine, je ne comprends pas. Elle revenait vers moi…

— Ce n'est pas votre faute, assure-t-il.

— Mais je vous dis qu'elle avait renoncé à se tuer !

Il sourit poliment :

— Vous n'avez aucun reproche à vous faire. Vous avez essayé mais cela n'a pas marché. Ça ne marche pas à tous les coups, personne n'y peut rien.

Je m'efforce de reprendre le contrôle de ma respiration.

— Capitaine…

— Appelez-moi Thomas.

— Thomas, cette femme avait peur de son mari. Son suicide était une sorte de fuite, vous comprenez ? Et… Je ne sais pas ce qui s'est passé mais elle ne s'est pas suicidée !

— D'accord. On en parlera une autre fois si vous voulez bien. En attendant, je vous déconseille de raconter à Paul Belmont que sa femme avait peur de lui. Il est dans tous ses états.

Je n'ose pas imaginer mon retour au Centre après un tel fiasco. Ma crédibilité va passer de zéro à moins quinze. On ne me confiera plus que les pipis au lit.

— Ah, oui. Autre problème : les journalistes. Vous allez vous retrouver en première ligne comme témoin et expert…

— Ne vous faites pas de souci pour ça…

— Oh ! que si, coupe-t-il. Vous ne les connaissez pas. Ils sont capables de vous faire dire n'importe quoi. Si nous avions pu faire autrement, nous n'aurions pas appelé le C.I.P., je vous le garantis.

— D'accord. Vous m'avez appelée parce que vous y

étiez obligé et je suis venue parce que c'est mon boulot. Nous sommes des fonctionnaires sans états d'âme, dans un monde sans pitié. Si ça vous excite de croire ça, c'est votre problème. Pas le mien.

— Vous ne devriez pas vous montrer aussi susceptible, réplique-t-il. Ça arrive à tout le monde de se planter.

— Je ne me suis pas plantée !

J'aurai beau dire, il ne peut voir en moi qu'une rouquine à l'ego surdimensionné.

— Prenez-le comme vous voudrez, conclut-il froidement. Je venais seulement vous prévenir que Belmont prendrait très mal un écart devant la presse…

— Où est-il ?

— Avec son fils.

— Son fils ? Je croyais qu'il était mort !

— Non, c'est leur fille qui est morte. Elle a été kidnappée et tuée quand elle avait huit ans. Un drame affreux. Ils ont adopté un petit Brésilien un an après mais je crois que Mme Belmont ne s'est jamais remise de ce drame.

— Le petit garçon est au courant ?

— Je crois, oui.

— Il faut que je le voie.

Nous descendons au premier étage. Malgré mes efforts pour me comporter comme si la mort d'une patiente faisait partie de l'ordre des choses, j'ai la bouche pâteuse et des crampes d'estomac. Dans une chambre d'enfant sortie tout droit d'une revue de décoration, un petit garçon assis sagement dans un fauteuil semble totalement absorbé par la Game-Boy qu'il tient sur ses genoux. Les bruitages du jeu électronique zèbrent le silence pesant. L'enfant ne sourit pas, ne montre aucune excitation, simplement il appuie sur les touches avec concentration. Il règne dans la chambre un ordre parfait, glacial, comme si le garçon ne vivait pas à cet endroit. A notre entrée, une femme agent se lève vivement.

— Bonsoir Manuel, dis-je en croisant le regard éteint de l'enfant, je m'appelle Véra. Je suis docteur.

— Je sais. Je vous ai vue avec Céline sur le toit. Vous avez été très gentille.

Une voix monocorde, une trace d'accent brésilien. Derrière moi, Sedan s'étrangle :

— Tu veux dire que tu as vu… ta maman… ?

— Ce n'est pas ma maman, c'est Céline. Elle n'a pas fait exprès de tomber. C'est à cause de lui.

— De qui ? Tu as vu quelqu'un ?

— C'est papa. Papa ne l'a pas laissée revenir.

Je me tourne vers Sedan qui hausse les épaules :

— N'importe quoi. Belmont était en bas, avec moi.

Manuel le fixe sans insister. On dirait qu'il sait depuis longtemps que les dés sont pipés.

— Ah ! Vous êtes ici ! tranche une voix douce et rauque.

Même durement touché, Paul Belmont sait occuper le devant de la scène. Malgré une petite brioche autour du nombril et des yeux fatigués, son expression reste celle d'un homme jeune, optimiste, chaleureux. Il me serre la main et je me sens prête à remuer la queue tel un caniche, mes préjugés fondant au soleil de son sourire triste.

— Monsieur Belmont, je suis terriblement désolée…

— Laissez, docteur. Ce n'est pas votre faute, au moins vous avez essayé…

L'enfant ne dit pas au revoir, ne fait pas un geste, en nous voyant quitter la pièce. Quand, sur un signe de Sedan, la femme agent referme la porte derrière nous, les miaulements électroniques de la Game-Boy ont déjà repris.

Nous traversons la maison sans échanger une parole. Il règne dans l'air comme un effroyable regret. Derrière les grilles de la propriété, quelques voitures bardées du sigle de radios périphériques ou de chaînes de télévision stationnent déjà. Malgré sa prestance, le député paraît au bout du rouleau. L'idée que sa femme va être autopsiée lui est extrêmement pénible et, au moment de monter dans ma voiture, j'entends Sedan lui promettre d'intervenir pour l'éviter. Le sans-culotte qui sommeille en moi se cabre. De quel droit le capitaine se permet-il de faire de telles promesses ? Au contraire, l'autopsie me semble une justice élémentaire à rendre à cette femme, une manière de ne pas l'enterrer comme si son secret n'avait aucune importance.

Sur la route du Centre, il me vient à l'esprit que Sheila éprouvera un véritable orgasme en apprenant que j'ai présidé au suicide de la femme du député du département. Je cesse sur-le-champ de me préoccuper du petit Brésilien ou de Céline Belmont pour me concentrer sur mon propre cas. Démissionner serait mélodramatique. Au fond, je sais que mes collègues ne me tiendront pas rigueur d'avoir échoué. Il faudra seulement que je reconnaisse mon échec. Le problème, c'est que je n'en ai pas la moindre intention.

5

Huit heures du matin. Accoudée à ma fenêtre, un bol de thé dans une main, je regarde passer le camion-citerne qui nettoie la chaussée. L'eau gicle, j'ai envie d'une douche, mais je décide d'appeler d'abord le capitaine Sedan. Il s'attend sans doute à ce que je reste dans mon placard, tel un outil fragile et peu fiable, mais il faut que je lui parle de l'autopsie. Je regrette que les manuels n'envisagent pas les cas de mort suspecte sauf au chapitre paranoïa. Assise sur le bord du lit tandis que le soleil d'été réchauffe ma chambre, je compose le numéro d'une main hésitante.

— Docteur Cabral, du C.I.P. Je voudrais parler au capitaine Sedan.

Bip. Crach. Bzzz. Une opératrice s'efforce d'écourter votre attente. Puis une voix, pressée :

— Vous pouvez laisser un message ? Il est en rendez-vous.

— Dites-lui que j'arrive. C'est très important.

Et voilà. Autant écrire mon propre rôle. Ce sera bien plus amusant que de laisser ce soin à d'autres.

Au commissariat central, on m'annonce que le capitaine Thomas Sedan est en conférence avec Paul Belmont dans le bureau du divisionnaire.

— Navré de devoir vous faire attendre, docteur, mais le grand chef présente ses condoléances au député-maire. Je suis le lieutenant Marcioni. C'est une sacrée histoire qui vous est arrivée là. C'est la première fois ?

— Qu'un patient se suicide ? Hélas, non.

— Le direct, c'est pas pareil.

— Comme vous dites.

— Enfin, pour Mme Belmont, ça n'a pas étonné grand monde…

J'observe le baroudeur aux cheveux blancs, en jean et blouson de cuir, qui m'a proposé d'attendre dans son bureau. Il se cale dans son fauteuil et son regard se perd pendant de longues minutes. Il doit garder par-devers lui sa version de l'histoire. A tout hasard, je décide de relancer la conversation :

— On m'a fait comprendre que Mme Belmont était gravement dépressive depuis la mort de sa fille.

— Tout ce que je peux dire c'est que ça ne doit pas être facile d'être la femme d'un homme politique… La seule qui s'en sorte vraiment, au fond, c'est Hillary.

— Hillary ?

— La femme de l'Américain. Elle, au moins, elle sait pour qui elle roule. Ce n'est pas pour son benêt de mari, c'est pour sa pomme. Mme Belmont, elle, a abandonné sa carrière en se mariant.

— Qu'est-ce qu'elle faisait ?

— Kiné. Vous imaginez les journaux ? Le maire et sa masseuse…

— En effet.

— Après ça, qu'est-ce qu'il lui restait, à cette femme ? Sa gosse.

Sa sympathie semble sincère. Il prend plaisir à évoquer Céline Belmont. Avec ses grosses moustaches blanches, sa bedaine dégoulinant par-dessus la ceinture du jean et ses favoris encadrant son visage large, il incarne le stéréotype rassurant du flic baba cool, compréhensif. Je me demande comment il supporte son capitaine, étincelant comme un robot Moulinex sur une étagère de supermarché.

— Une femme dépressive, ça n'arrange pas la carrière d'un élu, remarqué-je sentencieusement.

— Certains y trouvent leur compte.

Diable. Que dois-je comprendre ?

— Vous voulez parler de M. Belmont ?

— Oui.

— C'est un homme très important dans ce département, non ?

— C'est aussi le meilleur député qu'on ait eu depuis longtemps. J'en parle en connaissance de cause, je suis né ici. J'y ai vécu toute ma vie à part un petit intermède en Algérie pour mon service militaire…

Un policier pressé entre en coup de vent dans le bureau, s'adressant à Marcioni.

— Il y a un toubib qui est venu faire chier le Têtard. Tu t'en occupes, il n'a pas le temps de le recevoir pour l'instant.

— Docteur Cabral, je vous présente le lieutenant Amelot, mon coéquipier, déclare sobrement Marcioni.

L'homme s'étrangle en pivotant vers moi. Je lui adresse un sourire affable et l'assure que je n'ai jamais imaginé, même dans mes rêves les plus fous, que ma visite puisse représenter autre chose qu'une corvée pour son supérieur.

A peine le policier a-t-il tourné les talons que je mets mon grain de sel :

— J'ai mal entendu ou il l'a bien appelé « Têtard » ?

Marcioni éclate d'un gros rire :

— Le capitaine sait qu'on l'appelle comme ça, affirme-t-il, ça ne le gêne pas. Un têtard, c'est une future grenouille… Petit têtard deviendra grosse grenouille, vous suivez ?

— Il est très ambitieux ?

— On peut le dire. Pour lui ce sera la place Beauvau. Pas en tant que ministre, hein ? La politique, ce n'est pas son truc. C'est un homme de l'ombre, un homme d'appareil. Et pourquoi pas ? Il en faut.

— Est-ce que cela signifie qu'il est prêt à écraser tout le monde sur son passage ?

Marcioni ne paraît pas choqué par ma remarque. Il répond avec un sérieux qui m'étonne :

— Le capitaine connaît toutes les huiles, tous les pontes, il passe brillamment les concours, et par-dessus le marché, c'est un très bon flic. Je vous garantis que personne dans ce commissariat ne lui fait d'ombre. Il n'a pas besoin d'écraser les gens…

— Les relations sont donc bonnes ?

— Excellentes.

Je n'ai pas le loisir de m'étendre sur le sujet car le Têtard fait son entrée, rasé de près, le visage lisse et reposé, ce que je ressens comme une injure personnelle car il n'a pas plus dormi que moi. A cause de lui, je me sens vieille et chiffonnée malgré ma tenue très stricte, pantalon à pinces gris et chemise d'homme en coton bleu, sans un faux pli. Mes cheveux mouillés sont peignés en arrière et, l'espace d'une fraction de seconde, le capitaine trahit une certaine perplexité. Ma cravate peut-être. De mon côté, je viens de surprendre le regard de Marcioni sur son jeune supérieur. Qu'on ne vienne pas me raconter que ces deux hommes entretiennent une relation sans nuages.

Le capitaine m'emmène dans son bureau, dont il ne ferme pas la porte. Il n'a donc pas l'intention de prolonger l'entretien. Dans le couloir passent et repassent des policiers de tout acabit, chargés de paperasse pour la plupart.

— Désolé de vous avoir fait attendre, mais nous avions de petites choses à régler avec Paul Belmont. Dans sa situation, un drame pareil…

Il se demande visiblement ce que je fais ici, tout en agissant comme si c'était naturel. Croyez-le ou non, il possède dans un coin de son bureau une de ces petites machines à faire des cappuccinos. Bien que pour moi tous les cafés se ressemblent, j'y vois une preuve d'un raffinement assez inattendu de la part d'un robot. Est-ce le signe qu'il peut se permettre beaucoup de choses ? Que l'essentiel de son existence se déroule sur son lieu de travail ? Ou simplement qu'il aime le café ?

— Je voudrais vous demander une faveur, commencé-je avec un sourire.

— Je m'en doutais, fait-il en me tendant une petite tasse en porcelaine blanche. Sinon, vous auriez téléphoné…

— Je voudrais une copie du rapport d'autopsie de Céline Belmont.

— Attendez, coupe-t-il, étonné. Pourquoi y aurait-il une autopsie ? Elle s'est jetée dans le vide devant dix témoins. Qu'est-ce que vous voulez de plus ?

— Justement, c'est aussi pour cela que je suis venue vous voir. Elle ne s'est pas jetée dans le vide.

Il fronce les sourcils, agacé :

— Et même si elle est tombée… Qu'est-ce que ça change ? Ce n'est pas vous qui l'avez poussée, n'est-ce pas ? On connaît parfaitement les causes de sa mort. Une autopsie n'apportera rien de plus.

— Elle a peut-être été droguée ! m'exclamé-je. Dans

le cas d'une dépression, le déséquilibre interne peut être aussi bien réduit qu'aggravé, et ce par des médicaments identiques. Dans le cas de Mme Belmont, si on voulait se débarrasser d'elle, il suffisait de changer le dosage ou d'arrêter brutalement la prise d'un médicament…

Je m'attends à ce que Sedan monte sur ses grands chevaux mais il se contente de m'écouter avec attention avant de demander :

— Véra, depuis combien de temps exercez-vous ?

— Sept ans.

J'exagère à peine et seulement pour faire un compte rond.

— Vous avez vu beaucoup de crimes en sept ans ?

— J'en ai vu.

— Alors parlons du mobile, Véra. Qui aurait pu en vouloir à Céline Belmont au point de la tuer ? Son mari ? Elle n'avait pas d'argent dont il puisse hériter et ce nouveau scandale est un désastre pour sa carrière. Sans parler du fait qu'il l'aimait beaucoup. Vous comprenez le problème ? Tout le monde l'aimait. C'était une femme adorable…

— Mais détruite.

— C'est vrai. On a espéré qu'elle irait mieux après le procès mais elle a continué à s'enfoncer…

— Quel procès ?

— Celui de l'assassin de sa fille, bien sûr ! Il a pris vingt ans.

Je reste sans voix. Il n'y a donc pas de mystérieux assassin tapi dans les fourrés, de mari mal intentionné ni de sinistre secret. Tout est limpide. Je n'ai même pas éraflé la cuirasse scintillante du Têtard en face de moi.

— Qu'est-ce que vous allez faire ?

— Mais… rien. Rien du tout. Le corps de Céline Belmont va rester à la morgue jusqu'à demain, et puis on l'enterrera dignement.

Il se montre aimable mais je sens que si je débarrassais enfin le plancher, personne ne me retiendrait. Je suis humiliée au point de regretter le tranquille refuge de mon cabinet. Dans ce temps-là, au moins, personne n'était témoin de mes erreurs. Au moment de sortir, je trouve néanmoins le courage de lui demander :

— Et Bruno Romer ? Qu'est-ce que vous en avez fait ?

Il fronce les sourcils puis se force à prendre la chose à la légère :

— Puis-je vous rappeler que le flic c'est moi ?

Il sait très bien adapter son sourire à chaque circonstance. Un modèle de dosage.

— Je demandais simplement des nouvelles d'un de mes patients.

— A ma connaissance, celui-là ne vous a rien demandé…

Un but à zéro, la balle au centre. Je n'ai rien à répondre et je tombe littéralement de sommeil. A vrai dire, je n'ai plus qu'une idée : rentrer chez moi.

— Si vous ne vous montrez pas plus économe de votre pitié, vous ne ferez pas de vieux os dans ce métier, ajoute-t-il ironiquement.

— A ce moment-là, vous me regretterez, capitaine. Il n'y en a pas deux comme moi.

J'ai l'impression qu'il n'en doute pas.

6

On a beau avoir l'habitude d'une certaine pression familiale, onze messages, ça vous casse. L'épisode précédent de la saga Cabral a beau s'être terminé par un « clash », rien ne justifie une telle frénésie. Personnellement, je n'attache aucune importance à ce que Rosemarie raconte, surtout depuis qu'elle a suivi un cours de psycho par correspondance. Elle clame partout que je l'ai martyrisée pendant les années où nous partagions la même chambre, mais on sait ce que valent ces pseudo-souvenirs d'enfance.

Son mari, Maxence, instituteur comme elle, est à peu près aussi désespérément vertueux et borné. La raison pour laquelle ils squattent depuis deux ans — avec leurs trois enfants — l'appartement de mes parents (qui ne demandent que ça) tient au fait que Maxence construit lui-même leur maison sur le terrain qu'ils ont acheté du côté de Chevilly-Larue. Comme ils ne s'y rendent que le week-end, et par beau temps, les travaux progressent lentement, d'autant que la compétence de Maxence en matière de construction vaut celle de Rosemarie en psychologie. Mais bien sûr, je ne suis pas objective. Qui peut se targuer de l'être ?

Dès les premiers messages, je prends pleinement conscience du problème que je représente pour ma famille. Chez moi, on n'évoque pas, jamais, ce qui concerne « l'opération ». Or Rosemarie a transgressé cette loi et le microcosme Cabral en est ébranlé jusqu'aux tréfonds.

Tout d'abord ma mère m'assure que Rosemarie est désolée, qu'elle va m'appeler pour s'excuser et qu'elle, ma mère, sera toujours à mes côtés. En attendant, si je pouvais lui rendre sa crêpière, elle apprécierait. Ensuite Maxence s'enquiert d'une heure où il pourrait déposer la perceuse. Puis Théo, mon cher cousin, s'excuse brièvement de m'avoir envoyée au front et traite Rosemarie de fasciste. Ma sœur aînée, Karine, juge utile, pour une raison qui m'échappe, de me rappeler qu'il s'agit d'un problème strictement personnel avant de conclure que je ne dois pas me laisser influencer. On vient aussi de sortir un « Que sais-je ? » sur des cas comme le mien. Sympa. Je me sens tout de suite mieux.

Mais qu'est-ce que ça peut bien leur faire ?

Après tout, ça ne se voit pas. Personne — à part ma mère — ne m'a jamais vue nue. Alors que mes frères et sœurs s'entassaient le soir dans la grande baignoire, je prenais mon bain avant eux, seule avec maman. Les médecins l'avaient prévenue qu'il faudrait attendre, pour toute intervention chirurgicale, que je me détermine dans un genre ou dans l'autre. Pour eux, mon cas n'était pas extraordinaire. Je faisais même figure de petite vernie dans ma catégorie. Mes parents, déjà comblés par la naissance de Karine et des jumeaux, ne tentèrent jamais de faire pencher la balance. On me laissa en paix, un coup de chance que je mis à profit pour garder un pied dans chaque camp, jusqu'à maintenant.

Il est presque midi et j'ai envie d'un verre de rouge. Je l'avoue sans fard. Me retrouver une fois de plus au cœur des discussions, des pourquoi, des comment, me flanque la nausée. Je ne veux plus qu'on m'en parle. Comme c'est l'heure de l'apéro, je remplis un ballon de brouilly bien frais que je vais déguster sur le balcon en contemplant les jeux du soleil sur le dôme du Sacré-Cœur. A la puberté, mes seins ont un peu poussé et on put constater que je ne souffrais pas de pilosité incongrue. Pas de barbe, ni de torse velu, c'est bien assez pour me rendre heureuse. Pouvoir se montrer nue, la belle affaire ! Je n'en ressens pas le besoin. Ni de baisers sur la bouche, ni de caresses. Tout va bien.

— Docteur Cabral ?

C'est la secrétaire de jour au C.I.P. Celle dont le bureau jouxte le standard de Sheila, véritable centre névralgique qui gère le suivi des dossiers, les emplois du temps du personnel soignant, les réunions, les consultations, les repas, les gardes, bref, toute la vie du C.I.P. Comme elle opère entre neuf heures et dix-huit heures, je ne la croise que rarement et les occasions de l'avoir au téléphone sont encore plus rares :

— On vous cherche partout !

— Je viens de rentrer.

Et Dieu sait que je passe mon temps à faire la fête.

— Le docteur Flot m'a chargée de vous prévenir qu'une réunion se tiendra au Centre en début d'après-midi.

Elle se racle la gorge avant d'ajouter :

— A votre sujet. Vous pouvez y assister si vous le désirez…

— … Quelle heure ?

— Quatorze heures.

— Dites-leur que j'y serai à quinze heures, j'ai une course à faire.

Je ne comprends pas bien ce qui a pu provoquer une réunion à mon sujet mais, malgré une vague appréhension, je m'en réjouis presque. Autant faire le point avec mes collègues sur ce qui s'est passé chez les Belmont. Dans une semaine, cela n'intéressera plus personne. Les patients des psys d'urgence sont le plus souvent des patients d'autres psys en crise. On leur tend la main au moment où ils coulent, on les met hors d'eau avant de les rendre à leur thérapeute ou, plus simplement, à leur destin. Le secours, le soulagement de l'intense détresse psychique, la prévention de la violence et du passage à l'acte, voilà notre mission. Rien de plus. Le cas Belmont ne concerne déjà plus le Centre et le Têtard m'a donné un bon conseil en me recommandant d'économiser ma pitié. Pourtant, une fois sur la route du Centre, cette idée ne m'empêche pas de faire un détour par la villa des Belmont. Un sacré détour mais tant pis. Ils m'attendront bien un petit peu.

Pétrifié dans la lumière de ce matin de juin, le jardin étincelle. L'eau de la piscine fait plus que jamais penser à une couche de vinyle. La façade garde sous son lierre un vague air de reproche. Je remarque une petite Fiat sale dans un coin du parking, décorée de macarons militant pour un parti breton. Sinon rien. Pas une fenêtre ouverte malgré le soleil radieux, pas un bruit.

Une jeune femme vêtue d'une minijupe tendue à craquer sur des cuisses un peu fortes répond à mon coup de sonnette. Un tee-shirt à l'enseigne d'une discothèque pendouille sur sa généreuse poitrine. Je devine qu'il ne peut pas s'agir de la maîtresse de Belmont. Son visage rose exprime un désarroi que j'identifie tout de suite : elle vient d'apprendre le drame.

— Bonjour, attaqué-je. Je suis le docteur Cabral. Manuel est réveillé ?

— Bien sûr ! C'est déjà pas le genre qui dort beaucoup mais avec ce malheur en plus !

L'enfant apparaît derrière elle, chétif, protégé par l'ombre débordante et solide de la jeune fille.

— Bonjour Manuel. Je peux entrer ?

— Ecoutez, intervient la jeune fille, je ne peux pas… Monsieur Belmont ne m'a rien dit…

— Laisse, Bébé, coupe tranquillement le petit. C'est le docteur qui est venu parler à Céline cette nuit.

— Ah, c'est vous ?

Elle a l'air de penser qu'il n'y a franchement pas de quoi se vanter mais on la sent indulgente au fond et prête à excuser les gens.

— Je m'appelle Bérangère, mais tout le monde dit Bébé. Je suppose que je peux vous laisser entrer si vous êtes venue voir le petit… Ça m'arrange parce que le ménage n'avance pas.

Je suis Manuel dans sa chambre et je passe un moment devant son ordinateur pendant qu'il me montre ses CD-Roms. Il donne l'impression de n'avoir jamais touché aux autres jouets, sauf une petite figurine près de son lit nommée Marie.

— Marie ? m'étonné-je. Comme ta demi-sœur ?

— Elle est morte, répond-il avec désinvolture. Comme tout le monde. Où j'irai, moi, quand je serai mort ?

— Tu ne vas pas mourir, Manuel.

Manuel braque sur moi des pupilles d'un noir troublant :

— Céline a dit que Paul a tué Marie, déclare-t-il. Elle l'a vu dans l'ordinateur. Elle a crié mais comme les invités arrivaient, Paul lui a dit de se taire. Il lui a dit qu'ils en parleraient plus tard.

— Manuel, commencé-je avec difficulté. Céline a glissé du toit. Ce n'est pas la faute de Paul.

— Si. Je l'ai vu.

— Tu as vu quoi ?

— J'ai vu les hommes dans la cour de la ferme et je me suis caché avant qu'ils tirent sur tout le monde.

De quoi parle-t-il ? D'un film à la télé ou de quelque chose qu'il a vraiment vu ? Il me semble qu'on fait bon marché de ce que dit ou pense cet enfant qui traverse la tourmente comme un petit fantôme transparent.

Je le laisse à ses jouets trop luxueux et demande à Bébé de me raccompagner.

— M. Belmont ne s'occupe jamais de ce gosse, me confie-t-elle. Pour lui, c'était le nouveau joujou de madame.

— C'est pour ça que Manuel ne l'aime pas ?

— Il n'aime personne.

— Pourtant, il a l'air de bien s'entendre avec vous, remarqué-je.

— C'est ma nature de m'entendre avec les gens. Mais Manuel ne me dit jamais plus de trois mots. Je le plains, ce gosse, c'est pas humain une poisse pareille.

— Emmenez-le dans un jardin public, faites-le jouer avec d'autres enfants. Il faut qu'il voie des gens qui vivent normalement, qu'il sorte. On étouffe ici…

Il faut qu'elle ramène Manuel du côté des vivants ; en tout cas, qu'elle essaie. Elle accepte volontiers la responsabilité que je lui confie et, vu l'indifférence des Belmont et de Manuel à son égard, je lui trouve bien du mérite. Je prends son numéro de téléphone personnel et promets de l'appeler le soir même pour avoir un compte rendu détaillé. Elle rayonne de plaisir à l'idée de servir à quelque chose d'aussi noble que le sauvetage d'un enfant. Bébé attend sans doute autre chose de la vie que de faire le ménage chez les riches.

7

Craignant sans doute que les psys d'urgence ne se livrent à des orgies si on leur concédait des sièges confortables, l'administration du C.I.P. a attribué ses pires fauteuils à la salle de réunion. L'atmosphère s'en ressent quelque peu. Les fesses meurtries par le plastique moulé des années 70, chacun d'entre nous tente stoïquement de se concentrer en fixant son gobelet rempli de mauvais café.

Cela fait une bonne demi-heure qu'on tourne autour du pot quand je me décide à prendre les devants, très calme :

— J'ai l'impression que vous n'exprimez pas le fond de votre pensée. Si vous avez un problème avec moi, ou ma façon de pratiquer, j'aimerais autant savoir lequel…

Léger silence. Ils se consultent du regard puis Etienne se décide à prendre la parole.

— Blot a reçu un coup de fil, annonce-t-il.

Blot est notre chef de service. Il exerce au premier étage, séparé du C.I.P. au rez-de-chaussée par une barrière étanche et invisible. Il ne descend quasiment jamais et comme nous sommes trop occupés pour aller faire des ronds de jambe, nous avons tendance à oublier qu'il existe. Le Centre n'est pas un électron libre dans la sphère hospitalière. La hiérarchie existe, et là comme ailleurs, elle se rappelle à vous au plus mauvais moment.

— Un coup de fil du capitaine Sedan, précise Jérôme. Le flic qui dirige les interventions de police sur site.

— Je sais, je l'ai déjà croisé. Il s'est plaint ?

— Au contraire. Il paraît que tu es un génie…

— Et que tu mérites mieux que de moisir au C.I.P., grince Hélène.

On m'explique donc que ce matin, après ma visite au commissariat, le Têtard a appelé notre chef de service pour lui vanter mes mérites. Il prétend que dans le cas Belmont, j'ai géré le stress familial avec un professionnalisme hors du commun, à tel point que le député s'est soucié de savoir quel était mon plan de carrière dans le but d'appuyer une éventuelle promotion.

Mes collègues, qui accomplissent les mêmes exploits toutes les nuits, la trouvent saumâtre. Quant à moi, sachant les hiérarchies policières et médicales peu disposées à la reconnaissance des services rendus, j'estime que ce coup de fil n'a pas d'autre but que d'irriter mon chef et de dresser mes collègues contre moi.

— Pour résumer, tout imbue de mon génie, j'invente cette abracadabrante histoire de crime pour maquiller un échec.

— C'est un peu ça, reconnaît Etienne.

Avec sa chemise rouge ouverte au col, ses mèches blanches dans ses cheveux noirs et ses yeux verts, il serait plutôt à mon goût. Cela m'embête un peu qu'il me prenne pour une intrigante. Autant arrêter les frais.

— Je veux bien admettre que je me suis plantée, commencé-je, et que Céline Belmont s'est vraiment suicidée… Mais à une condition…

Je ne joue pas la comédie. Je renonce pour de bon,

n'ayant aucune intention de consacrer ma vie à la mémoire d'une inconnue.

— Vas-y, grogne impatiemment Etienne.

— Le capitaine Sedan se fout complètement que je fasse bien mon boulot ou non. Ce coup de fil est destiné à pourrir mes relations avec mes collègues et mon chef de service. Son histoire de promotion, une bonne façon de suggérer que je n'ai pas ma place ici. Je ne sais pas si c'est parce que j'ai réclamé une autopsie de Céline Belmont mais je leur pose un problème. Je suis sortie de mon cadre et ça n'a pas plu. Alors, je veux bien laisser tomber, mais appelons un chat un chat, et une manipulation une manipulation.

J'ai réchauffé mon auditoire en quelques secondes, un vrai micro-ondes. Pour un peu, je me serais applaudie moi-même.

Les trois psys qui me font face ne sont ni stupides, ni bornés, simplement des hommes et une femme surmenés, qui se demandent parfois, dans le secret de leur cœur, comment un métier aussi pénible peut être aussi mal récompensé. Les pompiers, au moins, ont des casques brillants.

— Parlons sérieusement, dit Etienne.

Comme si on rigolait depuis tout à l'heure.

— Véra, est-ce que tu as vu quelque chose ?

— Rien.

— Qu'est-ce que tu comptes faire ?

— … Presque rien.

— Presque ? répète Jérôme en resservant une tournée de café.

— Je voudrais que le petit garçon adopté suive une thérapie chez nous. Je sais que c'est très inhabituel mais j'ai l'impression que… Cela va vous paraître extrêmement bizarre.

— Allez, vas-y.

— Qu'il est en danger de mort.

— Tiens, fait Etienne avec philosophie, voilà autre chose.

Je les reconnais bien là, les collègues, habitués à tout, ayant tout entendu, ne s'étonnant plus de rien. Hélène étouffe un bâillement.

— L'enfant s'imagine qu'un homme le poursuit pour le tuer. Cela paraît absurde mais j'ai le sentiment que, par ce biais, il donne une forme cohérente à une menace qu'il perçoit et identifie correctement.

— En somme, la forme est délirante mais le fond bien réel, résume Etienne.

— C'est un peu ça.

— Je vais vous dire un truc, déclare Hélène d'un air pensif. Il y a trop de morts violentes dans cette famille. A ce stade, on ne sait plus s'il faut parler d'engrenage ou de fatalité. On meurt parce qu'il faut mourir, parce que tout le monde, autour de vous, meurt. Véra n'a pas tort en nous recommandant une certaine vigilance dans le cas de cet enfant. Je suis d'accord sur le principe d'une thérapie au Centre.

Dire que j'avais pensé qu'elle serait la plus difficile à convaincre, avec sa blondeur lavasse, ses yeux pervenche et son sang de navet. Une femme fade, sans relief. Je m'aperçois de mon erreur quand Jérôme et Etienne se rangent à son avis sans difficulté. Ils ont confiance en son jugement. Voyez-vous ça, me dis-je. Une femme d'influence.

J'appelle aussitôt Paul Belmont pour lui faire part de la nouvelle. Je ne doute pas qu'il sera positivement enthousiaste à l'idée que son fils adoptif fréquente l'hôpital psychiatrique du département, autrement dit « l'asile », démocratique et remboursé par la Sécu.

Je reconnais la voix de Bébé. Ça n'a pas l'air d'aller fort.

— Eh bien, Bébé, qu'est-ce qui vous arrive ? Des soucis avec Manuel ?

— Non, docteur. C'est que M. Belmont, il croit que je lui ai volé ses disques. Je vais partir d'ici, explique-t-elle d'une voix brisée, je suis renvoyée.

Merde. Les disquettes. J'ai complètement oublié les disquettes d'ordinateur que j'ai discrètement subtilisées lors de ma visite surprise. Sans vouloir me chercher d'excuse, je n'ai pas prémédité mon geste. J'ai, par hasard, poussé la porte du bureau du député. La pièce était en désordre, personne n'ayant songé à faire le ménage depuis le drame. Des disquettes traînaient à côté d'un ordinateur portable. Manuel venait de mentionner une dispute entre ses parents à propos de quelque chose que Céline aurait découvert dans l'ordinateur. En une seconde, les disquettes se sont retrouvées dans mon sac.

Depuis, je n'ai même pas songé à les lire.

— Comment peut-on vous accuser alors que vous ne savez pas vous servir d'un ordinateur ? m'indigné-je.

Sniff.

— Ça vaut pas parce qu'il dit que je les ai vendues.

— A qui ?

— Ben, je sais pas.

Sniff, sniff.

— Passez-moi M. Belmont, je vais lui parler.

Clic, shpchchchtt et puis la voix de Belmont, cassante, fatiguée.

— Que puis-je pour vous, docteur ?

— Je vous appelle au sujet de votre fils, monsieur. Nous estimons nécessaire que le suivi post-traumatique s'effectue à notre Centre...

— Manuel a déjà un thérapeute en qui j'ai toute confiance.

— Celui de votre femme ?

— … Oui.

Silence pudique, néanmoins éloquent. Et puis :

— Je doute que cette personne soit indiquée dans la situation de Manuel. Je vais être dans l'obligation de le signaler à la D.D.A.S.S. En précisant que l'enfant a été séparé de sa nounou le lendemain de la mort de sa mère.

— Cette fille est malhonnête !

— Je doute que tout cela fasse très bonne impression, continué-je comme si je n'avais pas entendu.

Silence. Il reste des valeurs sûres en ce bas monde. Même Belmont fléchit devant le spectre de la D.D.A.S.S. et son armée de moines-soldats veillant avec un soin jaloux sur les enfants de la République.

C'est le moment d'enfoncer le clou :

— Je regrette, monsieur, mais notre Centre a été alerté sur son cas et nous ne l'abandonnerons pas. Vous me comprenez ?

C'est un homme intelligent. Je suis bien trop bornée pour lui.

— D'accord ! admet-il, exaspéré. Bébé peut rester si c'est un tel problème…

— Et Manuel suivra une thérapie post-traumatique au Centre. Il est possible que nous vous demandions d'assister à une ou deux séances mais comme vous êtes un homme très occupé, nous vous préviendrons à l'avance. Merci de m'avoir écoutée, monsieur, et à bientôt.

Il me raccroche au nez.

Franchement, j'aurais dû être avocate.

Cette nuit-là, le Centre reçoit peu d'appels. Sheila achève tranquillement une manche entière du tricot qu'elle compte offrir à son neveu pour Noël. A demi mort de fatigue, Jérôme s'est écroulé sur le lit de la chambre de repos des médecins, tout au bout du couloir. Mes pas résonnent quand je passe devant les portes fermées des bureaux des collègues, celui des infirmières, traverse le hall d'accueil avec l'inévitable distributeur de soda, pour arriver chez moi, le dernier bureau avant la porte d'entrée ou le premier en entrant, comme on voudra. Seule une lampe d'architecte éclaire mon clavier quand je glisse dans mon ordinateur les disquettes piquées à Belmont. C'est bête mais je préfère rester dans le noir.

Je dois d'abord préciser que la plupart des psys sont honnêtes. Je n'ai jamais entendu parler d'un collègue qui aurait profité d'une séance d'hypnose pour faire les poches d'un patient. Pas de ça chez nous, je le garantis. La preuve, c'est que je compte rendre ces disquettes.

Un texte obscur apparaît sur l'écran, rédigé dans un jargon compliqué que je mets un moment à décrypter. Un nom revient souvent, celui de Bernard Touchet, le meurtrier de la petite Marie Belmont. Ce que je lis constitue les minutes de son procès d'assises, trois ans auparavant, et j'y apprends tout ce que je désire savoir sur les circonstances du drame.

Ce matin-là, la petite fille a été conduite à l'école par le chauffeur (mis hors de cause) de Paul Belmont. Elle lui a demandé d'acheter des bonbons et celui-ci s'est arrêté quelques minutes devant une boulangerie. C'est là que Touchet l'a reconnue. Touchet était un militant de longue date du parti de Belmont et, comme des millions de gens, il croyait à son intelligence, à son dynamisme et à sa capacité de faire évoluer les choses. Il semble que l'admiration éprouvée pour le père ait été un facteur déclenchant de la « crise ». Touchet a affirmé être tombé amoureux de l'enfant parce qu'elle lui rappelait son père. Elle incarnait l'objet aimé mais de façon plus accessible.

Pendant que le chauffeur faisait la queue dans la boulangerie, il est tout simplement monté dans la voiture et a démarré, kidnappant l'enfant. Au procès, il a prétendu avoir agi dans un état second mais, en lisant qu'il portait des gants et qu'il n'a laissé aucune empreinte, j'éprouve un sérieux doute sur le dédoublement de la personnalité plaidé par son avocat, ou sur un quelconque état délirant. Le plus curieux demeure que le rapport de police et le ministère public aient laissé passer une telle énormité, abandonnant la préméditation pour un état « psy » mal défini et hautement improbable.

Touchet abandonna la voiture sur un parking, non sans avoir payé le ticket pour qu'elle n'attire pas l'attention, et prit le train. Il garda la petite fille vingt-quatre heures dans la cave de sa maison de campagne avant de la tuer dans son sommeil.

Sans l'ombre d'un doute, Bernard Touchet est bien le meurtrier de la petite Marie Belmont. Il a avoué et ses aveux l'ont fait condamner à vingt ans de prison. Fort bien. Qu'est-ce qui me chagrine là-dedans ? Pourquoi, à la lecture de ce document, éprouvé-je un tel sentiment de malaise ?

La « crise ». Cette idée, à laquelle chacun semble avoir adhéré, me trouble. Des crises, j'en vois souvent, des vertes et des très mûres. Souffrance béante, douleur extrême, violence aveugle, incohérence, brutalité, délire, hallucinations de toute nature. Désordres. Or je n'en discerne là aucune trace. Ce meurtre pue le calcul et la préméditation.

Petit à petit, je comprends ce qui a dû se passer au moment du procès. Touchet étant un ancien militant, favorable à Belmont, son geste risquait de déconsidérer le malheureux père, faisant peser sur lui le soupçon qu'il y était « pour quelque chose ». L'opinion publique soupçonnerait, de façon cruelle et injuste, au mieux une vengeance, au pire une complicité. Pour ne pas voir les Belmont traînés dans la boue, les pouvoirs publics ont jeté un voile pudique sur ce cas, faisant semblant de croire à un acte brutal, irréfléchi. J'imagine les tractations entre policiers, juges et avocats. Ménager la famille, faire le moins de bruit possible, le moins de publicité, ne pas ruiner la carrière du père par-dessus le marché.

Le sieur Touchet a dû se gondoler.

J'en viens parfois à me demander si je ne devrais pas installer des caméras chez moi pour informer mes proches de chacun de mes faits et gestes. Les images seraient diffusées en continu sur Internet, ce qui leur permettrait de ne pas interrompre systématiquement mes douches et mes repas par des coups de téléphone intempestifs.

Cette fois, c'est Karine, ma sœur aînée.

— Tu bosses, cette nuit ?

— Normalement oui. Mais d'abord, si tu n'y vois pas d'inconvénient, je vais dormir. C'est le matin, et le matin, je dors.

— Ça t'embête de me laisser tes clefs quand tu partiras travailler ?

Question de pure rhétorique : il aurait fait beau voir que je refuse. Karine, quarante et des poussières, mariée, trois enfants, travaille depuis des siècles dans l'immobilier. Toujours nette et soignée, petite voiture de sport, les Antilles à Noël, Courchevel en février. Elle a toujours cherché — non sans un certain succès — à masquer la Cabral en elle. Rien de brouillon, bordélique et braillard dans son personnage, mais ventre plat modelé au Gymnase Club, Diacolor blond cendré, garde-robe renouvelée chaque hiver.

Je bafouille :

— Non, pas du tout, mais pour quoi faire ?

Avec Karine, j'ai toujours quatorze ans.

Elle émet un petit rire de gorge que je ne lui connais pas.

— Dis donc, toi, je croyais que tu avais fait des études !

— Ça irait mieux si on me laissait dormir.

— Ta gardienne, au rez-de-chaussée, c'est toujours Mme Escabèche ? Dis-lui que je passerai vers vingt et une heures.

On aura compris que je dois à Karine le privilège d'habiter au dernier étage de ce petit immeuble, un deux-pièces-tout-confort-avec-vue-sur-le-Sacré-Cœur. En échange, elle garde une sorte de ligne directe avec Mme Escabèche.

— Tu as le numéro de mon portable ? ajoute-t-elle.

Elle a dû acheter le premier appareil mis en vente par France Télécom.

— Karine… Tu as un mec ou quoi ?

— A ton avis, pauvre pomme ? répond-elle gaiement.

Et elle s'envole. Bon vent. Pas de répondeur qui tienne, je débranche carrément le téléphone et me réveille comme neuve au beau milieu de l'après-midi. Café puis omelette, bain moussant en écoutant le chant des petits oiseaux. Plus j'y songe, plus le coup de fil de Karine me paraît étrange. Avec toutes les clefs d'appartement qu'elle garde dans son sac, elle me semble la dernière personne à avoir besoin d'un abri pour ses aventures extraconjugales. A moins qu'elle n'ait dissimulé au monsieur qu'elle est mariée, et qu'elle décide de faire passer mon appartement pour le sien. Quel homme serait susceptible de se laisser berner aussi facilement ? Quel homme ne devinerait pas qu'une femme comme Karine a forcément des enfants, petits filaments transparents, gluants, collants, comme une salive du cœur ? C'est donc que lui-même n'a pas d'enfants. Karine sortirait-elle avec un homme plus jeune ? Bien plus jeune ? Elle en est fort capable. En changeant son prénom de Carmen en Karine, plus nordique donc plus chic, elle a déjà prouvé qu'elle était capable de tout.

Dring, dring. A peine rebranché, le seigneur de ces lieux se rappelle à moi.

— Eh ben, pour te joindre, il faut se lever tôt ! Tu t'amuses bien au moins dans ta nouvelle vie ?

Linda, la dernière des sept, célibataire, toujours en train de se moquer d'elle-même et des autres.

— Tu sais que Karine a un mec ?

Moi, prudente :

— Elle te l'a dit ?

— Non, mais j'en suis sûre. Putain, je trouve ça hyper nul.

Moi, hyper prudente :

— Ah bon ?

— Déconne pas, son mari est génial ! Et ses gosses ? Je ne comprends vraiment pas, elle a tout et elle fout tout en l'air pour une histoire de cul ! A son âge, c'est de la démence !

Merci pour elle.

Moi, sans rien changer à la stratégie adoptée en début de conversation :

— Tu sais, tu te fais peut-être des idées…

— Non, j'en suis sûre, il y a quelqu'un. En tout cas, moi je les lui laisse !

— Les ???

— Les mecs, quoi ! Franchement, il n'y en a pas un

pour rattraper l'autre... Ce que j'aimerais, c'est être lesbienne !

— Tu l'es peut-être...

— Merci bien ! Ça suffit avec toi !

Elle s'interrompt, réalisant l'énormité qu'elle vient de proférer.

— Attends, articulé-je calmement, tu crois que je suis quoi, moi ?

— Ben... Une sorte d'homo, non ?

— Non.

— Ecoute, je te demande pardon, c'est complètement idiot...

Pour une fois, j'insiste :

— Parlons-en clairement au contraire. Il vaut mieux que tu sois au courant plutôt que de raconter n'importe quelle ânerie.

— Euh, en ce moment je suis très prise mais sinon... c'est quand tu veux...

Pas très à l'aise quand il s'agit d'affronter les problèmes, Linda. Elle n'aime pas qu'on la dérange dans son gracieux petit monde, ce que je n'ai aucune peine à comprendre.

— Tu me trouves nulle, non ? articule-t-elle d'une petite voix.

— Pas du tout.

Je sens que je devrais ajouter quelque chose de réconfortant mais je n'y arrive pas.

— Tu es chez toi ? demande-t-elle brusquement. J'arrive tout de suite.

— Laisse tomber, c'est pas la peine. Je ne sais pas pourquoi j'ai réagi comme ça, c'est idiot...

— Arrête. Je vais pas te laisser seule avec ce truc. Tu sais bien que je t'aime trop.

8

Une nouvelle semaine de garde au Centre, de nouveaux appels, départs en alternance avec Jérôme. La confiance que m'accordent désormais mes collègues, la gentillesse de Linda, m'ont requinquée. Ma vie est d'autant plus facile que, sentant que je bénéficie d'un vent favorable, Sheila fait coucouche-panier. Alors que je rentre à peine, Jérôme m'apporte un café et s'enquiert de mes dernières interventions. Quels abîmes de passion, quelle âme tourmentée cache ce père de famille à lunettes pour ressentir autant de compassion envers toute souffrance psychique ? La question reste sans réponse car Sheila vient nous interrompre pour l'envoyer au turbin. C'est rapidement mon tour à nouveau, un appel des urgences de l'hôpital d'Aulnay où on a recousu un cas d'automutilation dont personne ne sait que faire. Ils ont besoin d'un avis autorisé afin de demander le placement d'office en hôpital psychiatrique.

Ma voiture se gare toute seule devant le gros paquebot brillamment éclairé au bas duquel une enseigne rouge proclame : URGENCES. Je croise dans le hall un petit peuple d'éclopés hébétés de sommeil, parmi lequel les infirmières circulent au ralenti, claquant mollement de la savate. Les néons agressifs me blessent la rétine tandis que j'erre dans les couloirs à la recherche de l'interne de garde.

Coup de bol, ce jeune homme émacié, voûté par des années de concours passées dans l'ascèse, possède la science infuse. Son diagnostic est formel : hystérie.

— Vous allez voir, dit-il en lorgnant mes jambes nues et bronzées, c'est assez impressionnant. Les lacérations du visage et du bras forment des entailles de plusieurs centimètres.

— Hum ! Elle a fait ça comment ?

— Avec les lames Gillette de son père. Elle s'est enfermée dans la salle de bains. Elle prétend que ça lui a pris comme ça.

— Quel âge ?

— Quinze ans. Tenez, j'ai installé les parents dans ce box pendant qu'on recoud leur fille.

Je me présente aux parents qui paraissent se situer sur la chaîne de l'évolution entre le sanglier et le porc de concours. Le chaînon manquant, en quelque sorte. La grande et grosse brute qui leur sert de fils est fabriquée sur le même modèle, rien de grisant, ni même de sympathique.

Boudinés dans leur survêtement en acrylique, ils me serrent la main en regardant par terre, bien décidés à en lâcher le moins possible. Ils expriment leur honte qu'on ait dû appeler le psy pour cette gourde qui ne songe qu'à faire l'intéressante et se cantonnent dans une attitude chère aux bons Français bien de chez nous : pas vu, pas pris, c'est pas nous, on n'a rien fait, comprend pas ce que vous voulez dire. Bon, bon, bon. Je souris à la ronde avec une gentillesse convenue, les doigts extirpant lentement une Marlboro de mon paquet aplati, fixant mon auditoire ratatiné de méfiance.

— Alors… D'après le rapport que vous avez fait au médecin, il semble que ce type d'accident soit déjà arrivé…

— … grmmfff. RRh rhh.

— Pardonnez-moi, je n'ai pas bien saisi…

— Bof…

— Vous voulez dire oui ou non ?

Ils se consultent du regard.

— … Je crois… bafouille la mère.

— Non, intervient le père, presque simultanément.

— Donc, si je comprends bien, c'est déjà arrivé.

Vu les cicatrices anciennes mentionnées sur le rapport médical, il n'y a aucun doute sur ce sujet. Je veux simplement cerner jusqu'à quel point la famille est, ou non, consciente du problème.

— Si vous voulez, admet le père en reniflant pour marquer sa désapprobation.

— Souvent ?

— … Grmff… bof… pas très.

— Vous vous souvenez de la première fois où c'est arrivé ?

— Non.

Catégorique. Forcément, quand on ne se souvient pas, on ne ment pas. Je n'ai qu'à formuler mes questions autrement, prendre des leçons chez Mireille Dumas, aller chercher une matraque et cogner dessus jusqu'à ce que ça sorte.

— La première crise date de quand ?

Mon ton indique aussi que je suis prête à y passer la nuit.

— Rrrh…

— … Grmff.

— Donc, il y a quatre ans.

— C'est pas vrai, ça ne fait pas quatre ans, ça fait plutôt trois.

— Vous en avez déjà parlé avec votre fille ?

— … Ouais…

— Un peu…

— Qu'est-ce qu'elle en dit ?

Silence.

— Comment elle explique ça ?

— … Elle sait pas.

— Ça la prend…

— Bien… Et vous ? Vous expliquez ça comment ?

— On l'explique pas.

— Elle est pas folle, Jennifer.

Prononcer « Jennifaire » comme l'héroïne du feuilleton américain qui passe à la télé tous les matins. Pas de chance, leur Jennifer à eux se coupe.

— Nous pensons, ici, à l'hôpital, que Jennifer ne se coupe pas pour rien. Nous ne pouvons pas recoudre son visage et mettre notre mouchoir par-dessus, vous comprenez ? Ce n'est pas pour se rendre intéressante qu'elle fait ça…

Silence. Puis le père :

— Pourquoi alors ?

— Je ne sais pas encore. Je vais lui parler et je reviendrai vous voir.

— On va attendre encore longtemps ? proteste la mère, indignée.

Taillée sur le même modèle que son frère et ses parents, l'adolescente est installée dans le box voisin. Son visage et ses bras disparaissent sous les pansements. Les dégâts seront irréversibles, point d'orgue d'une longue série de petites crises auxquelles la famille s'est progressivement habituée. La prochaine fois, la grosse Jennifer se tuera. Avant cela, un long parcours d'internements se profile à l'horizon, sous divers prétextes, accompagné d'une détérioration inéluctable de la personnalité. Pourtant, son symptôme parle pour elle, hurlant sa vérité à la face du monde, un symptôme familier, banal.

Je salue Jennifer et m'installe tout près d'elle en examinant ses pansements.

— Ça fait mal ?

— Un peu.

— Montre ce qu'ils t'ont donné pour la douleur... mouais... Tu veux qu'on rappelle le médecin ? Il peut te prescrire des choses plus fortes.

Haussement d'épaules. J'insiste :

— Tu as le droit de demander d'autres cachets.

— ... J'ai le droit ?

— Il ne faut pas accepter de souffrir...

— ... Alors, je veux bien.

Je bataille quelques instants avec l'interne pour obtenir un analgésique plus puissant, m'émerveillant une fois de plus de la décontraction avec laquelle les médecins laissent leurs patients souffrir. On ne voit pas très bien en quoi la médecine en sort grandie.

En attendant, l'intermède nous a un peu rapprochées, Jennifer et moi.

— Tes parents m'ont expliqué que tu as commencé à te couper il y a trois ans à peu près...

Elle hoche la tête, le regard ailleurs. On ne l'a jamais écoutée, elle ne voit pas pourquoi cela changerait. Au bout d'un quart d'heure, je parviens à capter son attention, à obtenir de brèves réponses. Jennifer n'aime pas les mots mais elle prend conscience que je ne suis pas un docteur comme les autres. Je peux entendre n'importe quoi.

— Ma mère, elle dit que c'est sale et que ce n'est pas vrai.

— Quand est-ce qu'elle a dit ça ?

— Après.

— … Après quoi ?

Silence. Les petits yeux sans cils, quasiment incolores, me fixent douloureusement.

— … De quoi as-tu parlé avec ta mère ?

— De rien. Il y avait la télé. J'aimais mieux regarder la télé. C'était pas sale.

— Qui était sale ?

— … Moi.

— Pourquoi toi ?

— A cause que Roger m'avait touchée, quoi…

— … C'est qui, Roger ?

— C'est le voisin. Un ami à mon père.

— Alors un ami de ton père t'a touchée… où ça ?

Silence.

— Jennifer, il faut en parler. Il faut que tu le dises à quelqu'un sinon tu vas devenir folle. Je crois que c'est pour ça que tu te coupes. A cause de ce qu'il t'a fait.

Et je laisse se dévider lentement, très lentement, un pas en avant, deux en arrière, l'histoire atrocement banale du viol de Jennifer, dix ans, par son voisin, ami de ses parents et bon père de famille.

L'entretien se poursuit pendant encore deux bonnes heures, au cours desquelles Jennifer me donne un aperçu de l'enfer où le crime dont elle a été victime l'a plongée. Elle n'a rien compris sinon qu'elle n'était rien, son corps, sa vie, absolument rien. Alors elle a commencé à se couper. Le sang qui coulait lui prouvait qu'elle existait en même temps que la douleur lui semblait une punition méritée.

Finalement, j'estime que Jennifer peut être confrontée à sa famille, laquelle a menacé une dizaine de fois de partir et de la laisser « à l'asile ». Contre toute attente, l'interne a habilement géré la situation, percevant dans sa logique de médecin que je crevais un abcès.

Quand nous pénétrons dans la pièce où les parents patientent (on a été les chercher dans la salle d'attente où ils s'étaient réfugiés pour regarder la télé), il règne un silence plein de rancœur.

— Je veux aller à la police, déclare Jennifer en se laissant tomber sur une chaise.

Nous la fixons tous les quatre avec des yeux ronds. Franchement, je ne m'attendais pas à celle-là. Le père se ressaisit le premier.

— Pourquoi la police ? Tu crois qu'on n'en a pas marre de tes conneries ?

A la surprise générale, sa fille le défie ouvertement :

— Je veux porter plainte, insiste-t-elle.

— Mais c'est personne qui t'a fait ça ! proteste la mère, révoltée par tant d'injustice. C'est toi-même ! Regarde, comment tu t'es arrangée ! C'est pas nous qu'on est allés te chercher pour te couper tout de même !

— Qu'est-ce que tu vas y dire aux flics ? demande le père.

— … Je vais dire ce que Roger m'a fait quand j'avais dix ans.

La phrase tombe comme une gifle. Jennifer connaît bien sa famille, elle n'y est pas allée par quatre chemins. Ce faisant, elle me coince moi aussi. Ce que j'appelle traumatisme demeure un crime devant la loi. Un crime sur mineure de moins de quinze ans, pas vraiment une rigolade. Que cela me plaise ou non, je suis tenue de le déclarer ou d'aider ma patiente à porter plainte. Le moins qu'on puisse dire c'est que ça ne m'emballe pas de dénoncer quelqu'un. C'est un aspect des choses que je n'ai jamais envisagé et je suis furieusement tentée d'ignorer les déclarations de la jeune fille. De faire comme si je n'avais pas entendu. Un instant, je me surprends même à espérer que le père de Jennifer se lève et déclare : « Viens, ma fille. Je t'emmène au commissariat. Nous allons venger ton honneur. »

Au lieu de quoi, j'entends :

— Si tu crois que je vais dénoncer Roger aux flics à cause de tes conneries, tu te fous le doigt dans l'œil.

— C'est pas possible de raconter des bobards pareils, s'entête la mère.

— Qu'est-ce que tu crois ? ajoute le frère qu'on n'a pas entendu jusque-là. Que t'es belle à faire bander un mec ? T'es moche, ma pauvre.

La grosse figure bardée de pansements d'où dépassent de larges traînées de Bétadine se tourne vers moi.

— La doctoresse va m'emmener, déclare-t-elle avec plus d'assurance qu'elle n'en ressent.

Jusqu'à ses cheveux jaunes, serrés dans un chouchou de satin douteux, qui me crient : Ne m'abandonne pas ! Prouve-moi que je ne suis pas rien ! Que je compte un peu ! Que j'ai le droit d'être défendue !

Le cœur de la doctoresse se serre mais elle sourit vaillamment à Jennifer et promet de l'accompagner.

9

On a tort de croire que la vie ne réserve que de mauvaises surprises. Au commissariat, chacun se montre extrêmement diligent, très au fait des récentes directives gouvernementales concernant l'accueil des victimes. Tout le monde semble avoir parcouru la documentation et effectué les stages adéquats. J'en reste tout ébaubie.

Pendant qu'une lieutenante de police se charge de recueillir la déposition de Jennifer dans sa version intégrale, je titube jusqu'à la machine à café, résistant à la tentation de m'allonger sur la banquette crasseuse, quand une voix incrédule traverse le hall :

— Docteur Cabral ?

Visiblement, je pose à cet homme un problème vestimentaire. Il n'est pas le seul d'ailleurs. Il faut reconnaître que ma robe sans manches en cuir noir est beaucoup trop courte. Je m'en suis rendu compte trop tard, comme d'habitude.

— Bonne nuit, capitaine.

— Qu'est-ce que vous faites chez moi ? demande-t-il en essayant vainement de ne pas loucher sur mes jambes et de remettre la conversation sur des rails strictement professionnels. Vous ne dormez donc jamais ?

— Non, mais moi, au moins, ça se voit… Comment vous faites, vous ?

Son costume, dans un léger tissu d'un noir mat, tranche avec sa chemise blanche, irréprochable. Bizarrement, la sobriété même de sa tenue le rend séduisant. Il y a quelque chose d'intrigant chez ce garçon, et, ce soir, d'attirant.

— J'ai toujours été insomniaque, affirme-t-il avec simplicité. Dites donc, elle est avec vous, la fiancée de Frankenstein ?

— Je suggère que vous reformuliez votre question.

— Oh, un peu d'humour ! Que pensez-vous de notre accueil aux victimes ?

— Mis à part les surnoms désobligeants du capitaine, c'est pas mal.

Voyant qu'il commence à se rengorger, j'ajoute perfidement :

— Si vous étiez vraiment à la pointe du progrès, vous ne diriez pas « victime » mais « survivant ».

Il prend l'air d'un gosse qui vient de rater sa surprise :

— Mais qu'est-ce que vous croyez ? Ça n'a pas été simple d'imposer ce changement ! J'espérais au moins un compliment, un petit encouragement de votre part…

Flirt, flirt, flirt. Où allons-nous comme ça ? La vérité, c'est que je m'en fous pas mal.

— Pourquoi cette jeune fille n'est-elle pas avec sa famille ? demande-t-il en allumant ma cigarette avec son briquet.

Je ne l'ai encore jamais vu fumer mais son geste colle parfaitement avec son personnage.

— Elle a été violée par un ami de son père. Du coup, celui-ci refuse de la croire.

— Toujours la même histoire.

— Oui, toujours.

Et j'ajoute, sans comprendre moi-même quelle mouche me pique :

— Ça rappelle Marie Belmont, vous ne trouvez pas ? Le bourreau proche du père, etc.

Le capitaine me gratifie de son regard-scanner, réellement impressionnant, avant de m'adresser un drôle de petit sourire.

— Qui vous a parlé de ça ? C'est vous qui avez pris les disquettes ?

J'en reste bouche bée :

— Quelles disquettes ?

Ce qui signifie, bien sûr : Comment savez-vous que j'ai ces disquettes ?

— Ne vous fatiguez pas. Je sais que c'est vous.

— Capitaine, bien que je chérisse l'idée d'une amitié entre nous, puis-je vous rappeler que nous n'avons pas gardé les cochons ensemble ? De quel droit vous permettez-vous de m'insulter ?

Ses traits, marqués comme ceux d'un portrait exécuté par un peintre malhabile, avec le nez un peu large, le menton solide, les joues très creuses couvertes d'anciennes cicatrices d'acné, prennent une expression perplexe, presque triste.

— J'ai l'impression qu'on ne communique pas très bien tous les deux, observe-t-il.

— Est-ce vraiment un problème ?

— Pour vous, sûrement pas. Pour moi, oui.

Suit un long silence. Décontenancée, j'avale mon café par petites gorgées. Voyant que j'ai terminé, il me prend le gobelet des mains.

— Vous en voulez un autre ?

Ses doigts effleurent les miens en une imperceptible caresse. Je bredouille, rougissant comme une vraie jeune fille.

— Non, merci…

J'accueille avec soulagement la lieutenante venue me prévenir que Jennifer m'attend.

— Quelle est votre décision, docteur ? On la ramène chez elle ou on la place en foyer d'accueil ?

— Qu'est-ce qu'elle préfère ?

— Elle demande le placement. Elle a peur.

— Bien. Je vais la ramener au Centre, au moins elle pourra dormir en attendant qu'on trouve une solution pour elle. Bonsoir, capitaine.

Sourire, traits durs, fragilité du regard.

— Bonne nuit, Véra. N'abîmez pas cette robe. Le cuir vous va si bien...

— Je sais, capitaine.

La lieutenante doit penser que nous allons coucher ensemble incessamment. Elle se trompe. Je suis bien placée pour le savoir.

Le retour au Centre s'effectue en silence. Jennifer est fatiguée, perdue, effarée par le saut dans l'inconnu qu'elle vient d'effectuer. En apprenant ce qu'elle a traversé, Sheila se montre admirable. Secouant ses seins sous son débardeur mauve, elle déploie une énergie considérable à faire le lit dans la chambre réservée aux patients, à côté de celle des médecins. Ensuite, elle prépare un chocolat chaud et propose des petits Lu comme s'ils sortaient directement de son four. Je les laisse dans la cuisine, trop petite pour nous trois, et remonte le long couloir jusqu'à mon bureau. Pendue au téléphone, je regarde l'aube se lever sur le jardin de l'hôpital. Je rêve d'un Coca bien frais mais, syndicalement, Sheila n'est pas supposée s'intéresser à mon bien-être. Humainement elle aurait pu, mais syndicalement non.

Vers huit heures du matin, j'obtiens enfin une prise en charge de la D.D.A.S.S. pour Jennifer et boucle le dossier au moment où la voiture d'Hélène se gare sur le parking, à la meilleure place, sous le chêne. J'admire la précision et l'efficacité de cette intellectuelle en pleine possession de ses moyens malgré l'heure matinale. En comparaison, je jette ma voiture au petit bonheur, à cheval sur deux cases, si possible à proximité d'une poubelle nauséabonde. Admiration donc, teintée d'un soupçon d'accablement, en la voyant avancer sur le sentier dallé, dans sa robe bleu ciel, le col ouvert sur un petit médaillon, des sandales blanches à petits talons et un soupçon de maquillage. Pas précisément jolie mais agréable à regarder. Féminine. En comparaison, j'ai l'air d'un travelo avec ma robe en cuir.

— Salut, Hélène !

— Eh bien dis donc, tu as une de ces têtes ! La nuit a été rude à ce que je vois…

Elle prépare du thé dans la cuisine pendant que je lui explique les circonstances du prochain transfert de Jennifer. Pour l'instant, la pauvre gosse dort dans la chambre préparée par Sheila, celle qui ne sert que dans les grandes occasions.

— Et Bruno Romer ? demandé-je. Tu sais, le pyromane… Tu ne devais pas le voir en consultation ?

— Il n'est pas venu au rendez-vous. Ça va faire mauvais effet quand il passera devant le juge…

Toute personne ayant provoqué une intervention du C.I.P. doit s'y rendre au moins une fois pour faire le point avec un psychiatre sur ce qui est arrivé et les mesures qu'elle envisage. Pour une simple question d'horaire, le psy qu'on voit sur rendez-vous est rarement le même que celui qui est intervenu en urgence. Ça n'a pas grande importance. Pour nous, au Centre, il s'agit essentiellement de vérifier, à froid, que la personne a bien toutes les cartes en main pour repartir. Je suis très contrariée que Bruno ne se soit pas présenté.

— Je vais téléphoner chez son frère. Il faut que

Bruno vienne aujourd'hui. Il est quasiment à merde ! Il a le temps !

— Tu ne vas pas leur sauter dessus dès l'aube, remarque Hélène.

— Ecoute, ils ont quand même un léger problème sur les bras ces gens-là ! Il serait temps qu'ils s'en rendent compte.

Je compose le numéro sous le regard narquois d'Hélène qui sirote son thé. Elle doit me prendre pour une excitée de première mais elle a dormi toute la nuit et moi pas.

On décroche à la première sonnerie.

— Allô, monsieur Romer ? Pascal Romer ? Docteur Cabral à l'appareil. C'est moi qui suis intervenue à la station-service… Je vous appelle pour avoir des nouvelles de Bruno. Il ne s'est pas présenté hier au Centre d'intervention.

Blanc.

— Monsieur Romer ?

— … Vous n'êtes pas au courant ? demande-t-il d'une drôle de voix.

— Au courant de quoi ?

— Bruno est mort. Il s'est pendu dans sa cellule pendant sa garde à vue.

Je ne sais pas comment je retrouve l'autoroute en direction de Paris, Montmartre, ma rue escarpée bordée de jardinets poussiéreux, mon appartement avec vue.

En arrivant, je suis sur le point de vomir. Ou de pleurer. Ou de hurler. Bruno, le pauvre gars à qui son jumeau a volé sa vie. Le Têtard s'est bien gardé de me prévenir qu'il était mort ! Et j'ai foncé, tête baissée, dans la combine du flirt, pauvre crétine qui s'imagine avoir sauvé un homme alors qu'elle a simplement contribué à éliminer un clochard.

Je m'effondre sur le canapé, torturée par le souvenir du Têtard et de son humiliant pouvoir de séduction. Le coup des yeux graves, du gobelet. Evidemment, je n'en ai pas parlé à Hélène. Quand j'ai prononcé le mot « démission », elle m'a envoyé me coucher, surprise, presque choquée. Elle m'a promis de déclencher une enquête mais je sais exactement ce qui va se passer. Elle va adresser un mémo à notre chef de service sur les risques encourus par les « forcenés » pendant leur garde à vue au commissariat, entre le départ du psychiatre urgentiste et l'arrivée de leur avocat. Pour elle, le problème se résume à une procédure inadéquate qui met en présence un patient et des policiers mal informés sur ses troubles. Fin de l'enquête.

L'intonation du Têtard, quand il a évoqué la fiancée de Frankenstein, me revient en mémoire. Un rasoir. La phrase passe et repasse, j'y perçois clairement le mépris du fort pour le faible, l'arrogance poliment mâtinée d'humour, le cynisme teinté de cruauté. Et moi, j'ai trouvé ça spirituel.

Je me rends compte que j'ai faim. Réfugiée dans ma cuisine américaine intégrée, je fourrage dans le frigidaire quand un bruit derrière la cloison, côté chambre, me fait dresser l'oreille. Pas un bruit, un gémissement. Qui plus est, de plaisir.

La sonnerie du téléphone me tire de ma stupeur. Je décroche machinalement.

— Véra ?

— Bonjour, Nathan. Ça va ?

— Bien, merci. Karine est encore chez toi ?

— Elle vient de partir.

Lourd regard sur la porte derrière laquelle les gémissements de plaisir montent en crescendo. Nathan est mon putain de beau-frère, le putain de mari de Karine, ma putain de sœur.

— Ah, soupire-t-il un peu déçu. Les enfants voulaient lui demander quelque chose mais elle a débranché son portable. Tant pis, on se débrouillera.

Cet homme mérite une médaille. Pas seulement pour son humour, sa camaraderie sans faille ou son sens des affaires, mais pour supporter la famille sans broncher depuis vingt ans. En remerciement de ses services, il ne peut même pas compter sur ma loyauté.

Enveloppée dans un drap qui accompagne chacun de ses pas comme une traîne, ma sœur entre au moment où je raccroche.

— Tu es gentille, tu ne te sers pas de mes draps comme serpillière, attaqué-je. C'est du lin.

— Qu'est-ce qui te prend ? Tu es de mauvais poil ?

— Nathan vient d'appeler !

— Chut !

Je baisse de deux ou trois tons.

— Enfin, c'est quoi ce cirque ? Tu te rends compte que je viens de mentir à Nathan à cause de toi ?

— Oh ! tu sais… Pour ce que j'en ai à foutre de Nathan, tu te donnes bien du mal…

Mouvement arrogant de ses épaules rondes et couvertes de taches de rousseur. Elle plonge dans le réfrigérateur et commence à déposer sur un plateau le beurre, les confitures, le fromage. Incrédule, je bégaie :

— Karine…

— Quoi ? Tu ne vas tout de même pas me faire la morale.

Sa désinvolture me hérisse. Je lui retire le plateau des mains et le pose sur la table basse du salon.

— Merci. C'est gentil à toi de me préparer le petit déjeuner.

— Oh, ça va ! Relax ! Tu es une grande fille, non ?

Ce chuchotement de collégienne me rappelle brusquement que je suis chez moi. Je retrouve aussitôt une voix normale :

— Karine, il n'est pas question que mon appartement te serve de garçonnière. J'ai cédé hier parce que...

Pourquoi ai-je cédé hier ? Pour faire plaisir à ma grande sœur comme quand j'avais sept ans ? Quand elle se maquillait en cachette et que moi, moi qui prenais mon bain à part et qu'on lavait en pleurant, je l'admirais éperdument ?

Je grommelle en évitant son regard :

— Je ne me suis pas rendu compte. Je supposais que tu aurais la délicatesse d'être partie à mon retour, que je ne serais pas aussi impliquée...

— Impliquée dans quoi ? Dans mes turpitudes ? Ce que tu es coincée ! Tu devrais en goûter plus souvent, ça te détendrait...

Il est temps de changer de tactique :

— J'imagine que tu es amoureuse et que c'est important, dis-je gravement, mais pour moi, ça tombe assez mal. Un de mes patients s'est suicidé et je... je ne suis pas en forme. Sans compter que je dois rédiger le rapport...

Pieux mensonge, mais avec Karine, je sais que l'argument boulot prévaudra sur tout le reste. Elle me regarde, dégrisée.

— Un suicide ? Merde. Dire que tu viens de commencer chez eux... Je suppose que ça la fout mal.

— C'est indéniablement un échec.

— T'inquiète pas, ça va s'arranger ! Ils ont trop besoin de toi pour te virer.

Je lui souris. Je retrouve ma grande sœur la bosseuse, la carriériste, celle qui sait que le succès s'arrache à coups de dents. Karine Cabral, entre Vénus et Barracuda.

Elle disparaît dans la chambre pendant que je m'installe devant ce petit déjeuner préparé avec amour.

Elle réapparaît une demi-heure plus tard, douchée, parfumée, en robe rose pâle façon Courrèges, ses beaux cheveux miel frôlant ses épaules nues. On en aurait mangé. Derrière elle, suit une sorte de… de… d'éphèbe improbable, vingt ans ou presque, bronzé, la crinière décolorée dégringolant entre les omoplates.

J'en reste coite. Quel point commun Karine s'est-elle inventé avec cette publicité pour shampooing ? Ce primate à chewing-gum ? Pur réflexe professionnel, la violence même de ma réaction m'arrête. Que m'arrive-t-il ? Serais-je jalouse, par hasard ?

Sur le pas de la porte, Boucles d'or se croit obligé de me faire la bise. Je croise le regard opaque de ma sœur. Nous savons à quoi nous en tenir.

En retournant dans ma chambre, je constate que Karine a changé les draps et qu'elle m'en a offert une nouvelle paire, bien plus beaux. Les fenêtres sont ouvertes sur les arbres du petit square écrasé par le dôme. Mon cœur saigne sans aucune pudeur.

Je saisis le téléphone et prend rendez-vous auprès de la secrétaire du docteur Ackelbauer, le spécialiste qui suit mon cas depuis la naissance. Celui qui a persuadé ma mère et le reste de ma famille qu'une opération réglerait tous mes problèmes. Mais à la place, j'ai étudié la psychiatrie.

10

Selim et moi sommes vautrés sur mon canapé, chacun à un bout. Ce canapé, un profond trois places en velours marron, constitue le seul meuble indispensable à mon bien-être et j'y vis comme sous une tente, entourée de livres, télévision, boissons, etc. Je viens de terminer des brochettes d'agneau à la sauce piquante dont mon boucher tunisien détient le secret, tandis que Selim fume un bidis. On aura du mal à le croire mais Selim n'est pas un Cabral. Irakien, venu accomplir en France une spécialité d'ethnopsychiatrie, il a épousé une Copte d'origine maltaise du beau nom de Chimène. Est-ce parce que la vie en Irak ne tentait pas sa femme ou parce que sa spécialité en faisait un psy particulièrement recherché ? Toujours est-il qu'on lui a proposé un poste dans un hôpital psychiatrique de banlieue et qu'ils sont restés en France.

— Pour le petit Brésilien, me conseille-t-il après que je lui ai exposé les faits en long et en large, seul un entretien avec le père adoptif te permettra de déterminer la part du délire et ce qui ne l'est pas.

— Pas facile. C'est un monsieur très important…

— Rappelle-lui qu'un enfant adoptif psychotique

fera désordre devant la presse, surtout après ce qui est arrivé au reste de la famille.

— Et l'autre ?

— Quel autre ? Le forcené ?

— Oui. Bruno Romer. Tu penses qu'il s'est vraiment suicidé ?

Il sourit avec un geste d'apaisement.

— Ecoute, je suis comme toi. Je ne crois pas aux coïncidences. Cela dit, je ne vois aucun lien entre les cas Bruno Romer et Céline Belmont.

— Moi non plus.

— Sauf que dans les deux cas, tu étais là.

— Donc le lien ce serait moi ? m'indigné-je.

— Ou ta façon de gérer les situations…

— Merci, tu me réconfortes énormément.

— Mais tu n'étais pas seule, précise-t-il en poursuivant le fil de son raisonnement. Il y avait d'autres intervenants. Tu viens de démarrer dans ce métier d'urgentiste, tu ne connais pas la puissance des autres facteurs. Tu as tendance à juger la situation comme quand tu étais dans une relation privilégiée avec ton patient au sein de ton cabinet… Or c'est faux. Le métier que tu fais maintenant n'a quasiment plus rien à voir avec l'ancien.

Il n'a pas tort. Je manque de recul. J'ai tendance à observer les événements à travers un prisme étriqué.

Selim se lève pour partir, reniflant autour de lui comme un chien de chasse.

— C'est bizarre, observe-t-il.

— Quoi ?

— Cela fait deux heures que je suis chez toi et aucun de tes frères et sœurs ne s'est manifesté. Sincèrement, je n'aurais pas cru que c'était possible.

— Il fallait venir ce matin. Tu as raté un épisode grandiose.

Je soupçonne Selim de préparer une thèse sur ma famille. En tout cas, il se délecte des avatars de la horde avec une avidité suspecte.

Après son départ, je m'installe devant mon Minitel dans l'espoir de découvrir le numéro de téléphone de l'ex-Mme Touchet. En annexe des minutes du procès, l'état civil de l'assassin précise qu'il a été marié, qu'il est même père de deux enfants. Après le divorce, sa femme a repris son nom de jeune fille et obtenu l'autorisation, au vu de la condamnation infamante du père, de changer aussi celui des enfants.

— Madame Mauser ? Je vous appelle de la part du capitaine Sedan au sujet de l'affaire Belmont…

En entendant son souffle coupé net à l'autre bout du fil, je devine que je l'ai trouvée.

— Madame Mauser, je sais combien ce passé a été pénible pour vous mais il s'est produit un nouveau drame dans la famille Belmont et…

— Qu'est-ce que j'y peux, moi ? Vous n'allez quand même pas insinuer que j'y suis pour quelque chose !

Sa voix pleine de larmes m'indique que pour elle tout cela date d'hier, toute cette horreur, cette honte. Ses plaies sont à vif.

— Je vous assure que personne ne vous reproche quoi que ce soit, plaidé-je. Je voudrais juste quelques renseignements…

— Qu'est-ce qu'il vous faut de plus, docteur ? C'est fini ! J'ai tout perdu ! Mes gosses ont tout perdu ! Leur vie n'a pas commencé qu'elle est déjà foutue !

— Je suis psychiatre. J'ai besoin de parler avec vous de certaines choses concernant votre mari.

— Ce n'est plus mon mari ! s'écrie-t-elle. Et vous perdez votre temps, il se fout complètement des psychiatres !

— Je sais, mais vous ? J'ai remarqué que vous ne

vous étiez pas du tout exprimée pendant le procès. Personne ne vous a écoutée.

— Oh, il valait mieux ! J'avais intérêt à me taire, croyez-moi…

— Il faut que je vous parle, madame. Peu importe ce qui arrive aux Belmont, je comprends que ce ne soit pas votre problème, mais il faut que j'en sache plus sur l'homme qui a partagé votre vie.

En cette fin d'après-midi poussiéreuse et torride, le Centre fait figure d'oasis. Les arroseurs automatiques répandent une bienfaisante fraîcheur sous mes fenêtres et l'ombre d'un chêne débordant sur le parking abrite ma voiture. Il ne manque que les palmiers et le thé à la menthe.

J'ai pris soin d'arriver une heure avant le début de ma garde pour voir Hélène. Je veux entendre de sa bouche le récit du réveil de Jennifer et de son transfert dans un foyer de la D.D.A.S.S.

— Ne m'en parle pas. C'est la catastrophe. Son père est venu la chercher.

Je m'étrangle :

— Quoi ?

— Je ne pouvais pas lui interdire de reprendre sa fille. Apparemment quelqu'un au commissariat l'avait informé de ses droits.

— Quels droits ? aboyé-je.

— Primo il n'est pas accusé du viol de sa fille, ni même soupçonné de complicité. Il a donc parfaitement le droit de l'emmener. On aurait pu l'éviter si elle avait déjà été prise en charge par la D.D.A.S.S. Tu comprends, eux, ils n'ont pas besoin d'une ordonnance du juge pour protéger les mineures victimes de viol. Nous si.

— … Ce n'est pas possible.

— On n'a pas eu de chance, regrette-t-elle. A une

heure près, le type de la D.D.A.S.S. l'emmenait directement.

— Tu as parlé au père ? Tu lui as sonné les cloches au moins ?

— Oui. J'étais très en colère. Je lui ai dit que si quelqu'un touchait un cheveu de Jennifer, si on la remettait en contact avec son violeur, je m'arrangerais pour qu'il finisse en tôle lui aussi.

— Et ?

— Il est remonté à bloc contre nous. Il estime que tu as drogué Jennifer et que dès qu'elle sera rentrée chez eux, elle retirera sa plainte. Apparemment, la même obligeante personne au commissariat l'a informé que c'était possible.

Nous piétinons au milieu du hall d'accueil, elle son sac et ses clefs de voiture à la main. Je sais qu'elle a hâte de rejoindre ses enfants, que je la mets en retard mais j'insiste, complètement perdue :

— Je ne peux pas la laisser tomber. Je vais passer la voir.

Elle sourit gentiment, embêtée pour moi.

— Personne ne la laisse tomber, Véra. Etienne a promis de passer la voir en rentrant chez lui. C'est sur sa route. Tu es de garde, n'oublie pas…

— Merci.

Je ne me sens qu'à moitié soulagée, mais je sais que, pour le moment, je n'ai pas d'autre choix. Et puis Etienne m'inspire confiance. S'il remarque la moindre anomalie, il n'hésitera pas à emmener Jennifer avec lui.

— Véra, je te demande une chose : N'appelle pas Etienne ce soir. Attends demain pour avoir des nouvelles, d'accord ?

— Pourquoi ?

— Tu t'impliques beaucoup trop.

Je revois dans le gris des prunelles cet éclair qui m'a

déjà frappée. Hélène n'est pas mon ennemie, elle veut m'aider au contraire. Je dois apprendre à respecter l'avis de mes collègues, adopter leur rythme.

— Véra, ajoute-t-elle, n'oublie pas qu'ici on fait ce qu'on peut. Personne ne s'attend à des miracles et on ne peut pas prendre tout le monde en thérapie.

— Je sais… Jennifer n'est pas ma patiente.

Dans quoi suis-je tombée ? Dans un aquarium ? J'ai l'impression qu'il me faut admirer les patients derrière une vitre. Une chose est sûre, je manque déjà d'oxygène.

11

Je traverse la nuit, puis le jour et encore la nuit dans un état second. Je mène quand même une enquête discrète pour savoir qui, au commissariat, a dénoué le filet de protection que nous avions tissé autour de Jennifer. Je fais le parallèle avec le cas de Bruno. J'imagine que quelqu'un s'en prend à ceux que je m'efforce d'aider. Ou alors ce peut être un effet pervers du zèle du Têtard. Son personnage, ses ambitions, ses initiatives telles que cet accueil des victimes dont il est si fier, doivent lui attirer la jalousie de ses collègues moins brillants. J'en viens à soupçonner le lieutenant Marcioni et ses moustaches en crocs. Le fait de pouvoir nommer un éventuel ennemi, de personnaliser la menace, me soulage considérablement.

De toute manière, il faut que je me calme. Mes collègues commencent à me soupçonner de faire un drame de tout, de générer, à partir de cas banals, confusion et embrouille. Fort heureusement, depuis quelques jours, aucune de mes sorties ne justifie l'intervention de la police. Je dissimule mon angoisse sous un masque de parfaite rationalité et de rigueur, agissant en totale conformité avec mes attributions, ce qui rassure tout le monde. Peu à peu, mes collègues se détendent.

Mme Mauser, ex-Touchet, habite un F4 dans un immeuble de trois étages au milieu d'une modeste résidence à Sèvres. Elle exerce le métier d'infirmière dans une clinique privée. Sa vie a longé de tels précipices qu'elle répète à tout bout de champ qu'elle a de la chance, oubliant qu'à la loterie du mariage, il lui a fallu un sacré manque de bol pour tomber sur Touchet.

— Quand mon ex-mari a été arrêté, je travaillais à Paris dans un hôpital de l'Assistance publique. J'ai été renvoyée : l'administration jugeait qu'étant mariée à un assassin pédophile, je représentais un danger pour les malades. J'ai fait appel de cette décision aux prud'hommes mais les syndicats n'ont pas levé le petit doigt. On aurait dit que j'avais la peste… On s'est retrouvées sans rien, les filles et moi. Je ne suis pas restée longtemps au chômage mais à chaque fois que je trouvais un travail intéressant, quelque chose arrivait.

— Qu'est-ce qui arrivait ?

— Eh bien, par exemple, il y a eu cette photo de Bernard avec les filles et moi dans les faits divers du *Parisien*. Les filles avaient les yeux dissimulés par un rectangle noir mais moi, on me reconnaissait très bien. J'ai été renvoyée le jour même. Licenciée pour faute grave, celle d'avoir été la femme d'un assassin. J'aurais pu plaider mais ma première expérience m'avait servi de leçon. Inutile de gaspiller mon argent à payer un avocat. Une infirmière c'est un peu comme une bonne sœur, elle doit rester vierge.

Elle tente vaillamment de sourire pour montrer qu'elle se situe au-dessus de tout ça désormais, qu'elle peut même en plaisanter. Je lui rends son sourire mais son récit me navre.

— J'ai déménagé trois fois en deux ans, poursuit-elle. Ce n'était pas difficile, on dormait sur des matelas, on mangeait sur une table pliante. Je n'ai rien gardé de ma vie avec Bernard. Je ne voulais pas que les filles vivent au milieu d'objets qu'il aurait touchés. Après son arrestation, j'ai appelé Emmaüs et j'ai tout donné. Même l'argent d'une vente m'aurait salie.

— Pourtant, il pouvait être innocenté d'un jour à l'autre…

— Bernard ? Oh ! non. Vous ne le connaissez pas. Je savais qu'il était coupable. Même s'il avait été relâché, je ne serais pas retournée vivre avec lui. Je vous jure que j'ai eu beaucoup de chance dans mon malheur. Au moins, j'ai mes filles, un bon travail et j'ai pu recommencer à zéro.

— Madame Mauser…

Elle me regarde bien en face, redoutant à l'avance les coups que je pourrais lui porter, habituée à la méchanceté. Elle ne se révolte pas, elle comprend les gens, s'imagine qu'à leur place elle aurait réagi de la même façon, ce dont je doute fort.

— Ecoutez, commencé-je en me raclant la gorge. Je… Euh… Voilà. Ce n'est pas le capitaine Sedan qui m'envoie.

Contre toute attente, son visage s'éclaire. Est-ce de pouvoir me dissocier de Sedan ou parce que je viens de lui donner une marque de confiance ? Elle rayonne.

Je lui raconte brièvement le suicide de Céline Belmont, en le présentant comme un vrai suicide mais en laissant entendre que Belmont en serait responsable.

— J'ai consulté les minutes du procès de votre ex-mari et j'ai remarqué que toute l'accusation repose uniquement sur ses aveux. Comme s'il n'y avait pas eu de véritable enquête ou comme si on voulait cacher une partie de la vérité.

— C'est exactement cela, confirme Mme Mauser. Il

fallait cacher que Bernard connaissait bien Paul Belmont. Beaucoup mieux qu'un employé de mairie ordinaire. Vous comprenez, ç'aurait été moche si mon ex avait raconté tout ce qu'il faisait pour M. Belmont. Ah, comme ils savent s'arranger entre eux, tous ces bonshommes ! Moi qui voyais ça de l'extérieur, j'avais du mal à y croire ! Les policiers, les juges, les avocats et le père du gosse avec son assassin... C'était répugnant. En tout cas, j'ai compris la leçon, vous pouvez me croire. Nous, les bonnes femmes, on n'a pas une chance. Mes filles, mon F4, des vacances à la mer quand c'est possible, le cinéma une fois par mois. Bien contentes d'être en vie.

Se planquer sous une pierre en attendant que passent les prédateurs. Tout un programme.

— Bernard Touchet était un collaborateur de Belmont ?

— Pas directement. Il était employé au service de l'état civil à la mairie. Officiellement, il n'avait aucun contact avec M. Belmont sauf en tant que militant...

— Pour le même parti que celui de Belmont ?

— Oui. Ça, il y croyait vraiment. Il ne ratait pas une réunion, il s'inscrivait toujours le premier pour se rendre aux meetings. Au début, il y allait en car avec les autres mais M. Belmont l'a remarqué et il l'a engagé — comme bénévole — dans son état-major de campagne : les tracts, les affiches, un peu de service d'ordre. Je n'ai jamais su ce qui se passait entre eux. Je me suis souvent demandé si j'avais fait exprès de ne rien voir parce que cela m'arrangeait... C'est une voisine qui m'a sorti ça un jour. Depuis, j'y pense souvent la nuit. Je me demande si j'aurais eu le courage de le dénoncer, si je suis complice quelque part...

« Complice quelque part. » Cela revient dans son discours, elle en est obsédée, la pauvre femme.

— Comment viviez-vous ? Vous étiez heureuse avec votre ex-mari ?

— Il ne nous aimait pas beaucoup les filles et moi, mais il n'était pas embêtant. On aurait dit qu'il vivait à l'hôtel. Mes collègues trouvaient que j'avais de la chance parce qu'il me donnait tout l'argent dont j'avais besoin sans discuter et qu'il me fichait la paix.

— Excusez-moi mais…

— Vous vous demandez si on couchait ensemble ? La réponse est non. Ou tellement rarement que je ne me souciais même pas de contraception. A partir du moment où il a su que j'étais enceinte de notre seconde fille, il ne m'a plus jamais touchée. Au fond, je savais bien que ça ne marchait pas ce mariage, mais… comment vous dire ? Je gagnais du temps, j'attendais que les filles grandissent un peu.

— Quel genre d'homme est-ce ?

— Oh… Un homme méchant, tout simplement. Pas violent mais profondément méchant. Au procès, j'ai compris que les filles et moi avions été le paravent derrière lequel il s'était abrité pour faire ses cochonneries avec M. Belmont. Voilà pourquoi il me donnait de l'argent : Pour que tout soit correct. Je l'aidais à être Monsieur Correct. A partir du jour où il a été arrêté, il a fait comme si on n'avait jamais existé. D'ailleurs tout le monde nous a tenues à l'écart. Je n'ai même pas payé l'avocat, c'est vous dire… J'apprenais ce qui se passait par les journaux.

— Et ces… cochonneries dont vous parliez, en quoi elles consistaient ?

— C'était leur club là… Je crois bien que c'est mon ex qui l'a découvert parce qu'il a eu l'air très heureux à ce moment-là, tout joyeux. Un club de partouzes ou quelque chose dans ce goût-là. J'imagine que l'autre ne demandait que ça puisqu'ils se sont mis à sortir ensemble. M. Belmont ne prenait pas son chauffeur habituel et Bernard lui servait d'alibi.

— Vous ne savez pas comment s'appelait ce club ?

— Un jour, en rangeant ses affaires, je suis tombée sur une cassette publicitaire. Cela s'appelait le Club des Jardinières.

— Vous avez regardé cette cassette ?

— Oui. Bernard avait été arrêté deux jours avant et je me débattais en plein cauchemar. Je me suis dit que cela m'aiderait peut-être à y voir clair. Franchement je m'attendais à pire. De pauvres filles très maquillées, pas spécialement belles, qui débitaient un texte idiot, que je n'ai pas bien compris, peut-être codé… En tout cas, elles devaient être étrangères parce qu'elles étaient toutes doublées. C'était assez bizarre. Il y en avait même une qui pleurait. Face à la caméra. Elle ne disait rien, elle pleurait. Je n'ai rien trouvé de spécialement érotique à ça.

— Vous avez encore cette cassette ?

— Je l'ai donnée au capitaine Sedan.

— Ah.

L'existence d'une telle cassette n'étant mentionnée nulle part dans les minutes du procès, on peut en conclure que le beau capitaine l'a conservée par-devers lui. Le Têtard, dans sa logique de flic, a sans doute empêché Touchet de salir Belmont et de bénéficier de circonstances atténuantes. N'empêche qu'il a pris un bien gros risque en dissimulant cette preuve… J'imagine qu'il est homme à en attendre un bénéfice important, en termes de carrière bien entendu. Vu le personnage, je doute que son dévouement à Paul Belmont soit purement désintéressé.

— Madame Mauser, une dernière question s'il vous plaît : Cette maison dans laquelle la petite Belmont a été assassinée, vous l'aviez achetée ensemble ?

— C'était la maison qu'il avait héritée de sa mère.

J'y suis allée une fois, je vous donnerai l'adresse si vous voulez. Il m'avait dit qu'il l'avait vendue. Je l'ai cru. Je ne lui posais pas de questions. Il était si froid…

Je me lève tout en la remerciant :

— J'admire votre courage, madame, on vous a très peu aidée dans cette affaire.

— Tout s'est déroulé comme si je n'existais pas, docteur. Ils n'ont pas plus fait attention à moi qu'à une blatte. Je suis certainement coupable d'avoir servi de paravent à un tueur, mais laissez-moi vous dire que tout ce beau monde était au courant depuis longtemps.

Je sors de l'entretien dans un état d'intense excitation, persuadée d'avoir enfin percé le secret du suicide de Céline Belmont. Je ne sais pas comment elle a appris que son mari partouzait avec l'assassin de sa fille, mais cela l'a conduite à examiner les minutes du procès dont, sous prétexte de la ménager, on l'avait certainement tenue à l'écart. En lisant ce document, elle a dû comprendre, comme moi, qu'il y avait eu un arrangement. Elle a éprouvé pour son mari de la haine, du dégoût, mais pas de la peur comme je l'ai d'abord cru. Il lui est devenu odieux, à tel point qu'elle a choisi de mourir plutôt que de respirer le même air que lui. Sans y penser, je prends la direction de l'appartement de mes parents, entre la République et la place Léon-Blum. Pas de raison particulière à cela, si ce n'est que je n'ai pas de nouvelles des « Autres » depuis quelques jours. Quand on a été dressé à se déplacer par bancs comme les poissons, on a peu de chance de se transformer du jour au lendemain en loup solitaire.

Nous avons tous gardé la clef de l'appartement de mes parents. L'idée de la rendre ne nous a même jamais effleurés. Je ne prends donc pas la peine de sonner, traverse l'entrée, passe devant la cuisine déserte et découvre l'ensemble de la population de l'appartement à genoux dans le couloir. Prosternés, la joue contre le sol devant la porte de la salle de bains, ils ne m'entendent même pas. J'identifie les pantoufles et les derrières de Maxence, de Rosemarie, de mes chers parents, de Linda, de Théo, et de Nathan. Autant dire que ça bouchonne sec.

Je comprends tout de suite que le petit dernier de Rosemarie s'est enfermé dans la salle de bains et qu'il n'arrive plus à ouvrir. On glisse un papier sous la porte.

— Romain, prends le dessin de papa… Tu vois le dessin de papa ? Prends-le, chéri.

Le papier glisse et disparaît. Un « aaah » de soulagement parcourt l'assistance. Je me penche vers Nathan, le plus proche de moi :

— Qu'est-ce que c'était, ce papier ?

— Son père lui a dessiné un schéma du verrou.

— Ah bon.

Cela ne me frappe pas comme l'idée du siècle mais je m'abstiens de tout commentaire.

— Tu lis le dessin de papa, chéri ? susurre Rosemarie en première ligne, l'œil rivé sur la fente entre le sol et la porte.

— Vas-y, tourne à droite, conseille ma mère avec autorité.

— Tu l'as vue, la boussole ? C'est une boussole qu'il a dessinée, papa… Tu tournes le petit loquet…

— Tu vois le petit loquet ?

— Tu le tournes à droite, chéri. A droite.

— C'est où la droite ? chouine Romain derrière le battant.

— Mais tu ne peux pas regarder le dessin, bon Dieu ? explose Maxence.

— La droite, c'est l'est de la boussole, reprend

patiemment Rosemarie. Tu vois l'est sur le dessin de papa ?

— Tu sais qu'il est con, ce môme, lance Linda à la cantonade.

Rosemarie tourne la tête vers elle avec la vivacité d'un cobra prêt à mordre :

— Attends d'avoir des enfants qu'on rigole !

Mais la horde, dont la patience n'est certes pas la vertu première, vient de trouver un nouvel os à ronger : les enfants de Rosemarie sont des empotés.

Voilà. Cela sera désormais un fait établi, une de ces certitudes sur lesquelles se construisent les familles, ces enfants fussent-ils appelés à devenir plus tard acrobate de cirque ou président de la République.

— Je ne sais pas ce qu'elle en fera de ce gamin, conclut ma mère avec pessimisme.

— Maman ! Il a quatre ans, merde ! glapit Rosemarie.

— Et il sait presque lire, ajoute faiblement Maxence.

— Si tu trouves qu'il sait lire, c'est inquiétant, relève doctement papa.

— Pour Polytechnique, réserve pas tout de suite, plaisante Théo en m'écrasant un orteil au passage.

— Qu'est-ce que tu fais là, toi ? lui demandé-je. Je croyais que tu avais rompu avec la famille…

— Il fallait bien que je récupère la perceuse.

Il me tourne le dos et disparaît avec les autres dans la cuisine. Ses cousins lui ont manqué.

Seuls demeurent dans le couloir Rosemarie, en larmes, et Maxence. Je me sens tentée de rejoindre les autres mais un Cabral n'abandonne pas un neveu (dont il pense toujours secrètement qu'il n'a pas eu de chance, le pauvre gosse, avec de tels parents) dans une situation délicate. Par définition fils ou fille de crétin (un frère ou une sœur au choix), le neveu (ou la nièce) est à plaindre, à bichonner, à chouchouter. Vu la façon dont ses parents l'élèvent, il court de toute manière au désastre. Autant limiter les dégâts.

Je m'approche de la porte :

— Eh ben, Romain ? Qu'est-ce qui t'arrive ? Tu pleures ?

— Je suis coincéééé…

— Comment ça se fait ?

— J'ai tourné le boutonhonhon…

— Eh bien, tu le détournes, zozo ! C'est rien du tout de détourner un bouton.

— Par où ?

Je frappe sur le mur, à droite de la porte.

— Par là. Tu m'entends ?

Toc, toc, toc.

— Bon, je compte. Tu es prêt ? Un… Deux… Trois !

Le verrou tourne et Romain apparaît, triomphant.

— Ça va, zozo ? lui dis-je en le prenant dans mes bras.

Puis je me dirige dignement vers la cuisine.

En me voyant entrer avec Romain, ma mère déclare du ton de fierté compassée qu'elle adoptait quand je réussissais mes examens de médecine :

— Je vous avais dit qu'il n'y avait qu'à la laisser faire ! Tiens, chérie, prends du gâteau. Tu as mauvaise mine. Tu n'as pas un peu maigri ces temps-ci ?

Autour de la table, on se pousse avec respect. La défaite de Rosemarie est totale. La vie réserve de grandes joies.

12

Après de longs efforts, la sonnerie du téléphone parvient à creuser un mince tunnel à travers mes rêves d'une opacité de tombeau. Tel un objet télécommandé, mon bras part à la recherche du récepteur :

— Véra ? Je vous réveille ? Blot à l'appareil.

Blot ? Je ne connais pas de Blot.

— Qui ça ? articulé-je d'une voix rauque.

— Désolé, Véra, c'est urgent.

La voix évoque brusquement quelque chose : celle de mon patron par exemple, dont le nom, par une coïncidence extraordinaire, est Blot.

— Comment ? Je n'entends rien ! Où êtes-vous ?

— A Roissy. L'aéroport. Des pirates se sont emparés d'un avion. Il y a deux cents personnes à bord.

La nouvelle ne me fait aucun effet. Je continue de patauger. Blot, qui n'a pas l'habitude de réveiller ses troupes, ne s'en aperçoit pas.

— Nous avons besoin de tout le monde, Véra. Tous les C.I.P. d'Ile-de-France sont mobilisés. Il va y avoir deux cents personnes à débriefer…

— Vous avez pu joindre les autres ?

— Hélène et Jérôme sont en intervention, ils ne

peuvent pas se libérer. Par contre, Etienne est déjà arrivé. Je sais que vous n'êtes pas de garde mais que vous pourrez vous rendre disponible. A tout de suite, je compte sur vous.

Bon. Puisque c'est si gentiment demandé, je n'ai plus qu'à me catapulter dans la salle de bains.

L'accès à l'aéroport n'est pas bloqué comme je m'y attendais mais le nombre de véhicules de police sillonnant la place m'impressionne. La tension est perceptible dès les banques d'enregistrement où les voyageurs croisent des bataillons au petit trot, arme à l'épaule. Un C.R.S. m'escorte en Jeep jusqu'à une tour de contrôle. Après m'avoir fait traverser des rangées d'aiguilleurs du ciel, tendus à craquer, qui continuent à faire décoller les appareils, on m'introduit dans la vaste salle circulaire réquisitionnée pour les négociations. Elle est bondée de psys de tout acabit, le regard fixé sur l'avion posé tel un ovni au bout du bout d'une piste, scintillant sous le soleil de juin.

Seul. Nu. Entouré d'un immense espace de sécurité désert. Au-delà de ce périmètre règne une confusion totale. Les télévisions du monde entier s'empilent littéralement les unes sur les autres, à côté de cars hérissés d'antennes, de caméras, d'objets non identifiés, toute une meute humaine que s'évertue à contenir un cordon de C.R.S. casqués.

Deux tables nous sont réservées. Une table chargée d'appareils de surveillance et de communication avec l'avion, une table autour de laquelle les sommités élaborent de savantes stratégies. En me voyant entrer avec mon escorte, Blot m'adresse un signe de tête, trop occupé pour venir me saluer. Etienne m'entraîne aussitôt au fond de la salle. Des tas de bonshommes en uniforme palabrent avec le chef de cabinet du ministre de l'Intérieur et d'autres messieurs importants parmi lesquels je reconnais Paul Belmont. Avec ses manches relevées, sa cravate à moitié défaite et ses cheveux en bataille, le député adopte un style résolument dynamique et près du peuple. Je ne m'attendais pas à le trouver aussi sympathique. Il faut reconnaître que les hommes politiques ne sont plus ce qu'ils étaient. Ils sont devenus très prudents.

Etienne verse du café dans un gobelet et me le tend.

— Diagnostic mauvais, pronostic catastrophique, attaque-t-il d'emblée. A part déployer des forces armées pour faire joli à la télé, personne ne sait par où commencer. Tu sais ce qu'ils font, là ? Ils sont en train de s'arranger pour que, quelle que soit l'issue, le drame soit récupéré politiquement. Le jeu, c'est que chacun puisse chanter les louanges de l'autre et réciproquement.

— Je vois. Si on saute tous, il faut savoir qui fera le discours au cimetière.

— D'après nos renseignements, au moins deux des pirates sont psychotiques. Et ils ont complètement pété les plombs. Les huiles s'imaginent qu'ils vont négocier avec ces mecs, je me marre.

— Ça leur fait du bien de s'y coller un peu. Ils vont voir comme c'est simple… Tu crois que je peux avoir un second café ?

— Franchement, c'est l'impasse. D'abord, le chef ne s'exprime qu'en hurlant. Il est dans un tel état d'excitation que les flics pensent qu'il a pris des amphètes ou du crack…

— Et toi ?

— Pour moi c'est du pur jus de cerveau. On ne peut pas espérer qu'il redescende.

— Aïe.

— D'après ce que j'ai compris, ce sont d'anciens

Khmers rouges qui exigent l'asile politique ainsi que l'amnistie de tous leurs camarades emprisonnés au Cambodge.

— Rien que ça ?

— Tu vois comme c'est réaliste. Ils sont sept. Le chef a été identifié comme personnellement responsable, au temps des Khmers, du nettoyage de la région de Lomphat, à la frontière du Laos.

— Ce qui veut dire ?

— Qu'il a des centaines de milliers de morts sur la conscience. Alors cent ou deux cents de plus…

— C'est un des psychotiques ?

— Oui. Il prétend être en contact direct avec Pol Pot.

— Pol Pot est mort.

— Aucune importance, il est en connexion directe sans friture sur la ligne.

La nouvelle me laisse coite, le temps de siroter mon second café. A vrai dire, je me sens tellement crevée que je me retiens de bâiller. Nous restons une partie de la matinée avec les autres psys, silencieux, peu concernés par les allées et venues de la soldatesque autour de nous, abîmés dans la contemplation de l'avion et songeant aux otages. Plus les heures passent, plus le traumatisme sera sévère, plus difficile sera notre tâche. Pour l'instant, malgré une effervescence factice, il persiste une espèce d'inertie autour de l'avion qui autorise le pessimisme le plus noir. Pas besoin d'être grand clerc pour comprendre que rien ne se passe.

— Tiens, il est là celui-là… dis-je en désignant à Etienne le capitaine Sedan en grande discussion avec Blot, Paul Belmont et le commandant d'une unité que je ne connais pas, sans doute le R.A.I.D.

— Tu ne l'avais pas vu ?

— Non. Regarde, Blot te fait signe…

Je rattrape Etienne par la manche au moment où il se dirige vers Blot :

— Parle-lui de la stimulation visuelle. Tu sais, le vieux truc des Américains…

— Tu parles, ils y ont sûrement pensé…

— Si c'est le cas, ils le cachent bien.

Trois minutes plus tard, c'est moi que le patron appelle :

— Véra, parlez-nous un peu de la stimulation visuelle…

Il n'a pas la moindre idée de ce que c'est mais il est satisfait de montrer qu'il a dans son équipe des praticiens rompus aux techniques de pointe. Je sens que je vais être promue spécialiste d'un truc que je connais à peine.

— Le problème c'est d'établir un lien, n'importe lequel, avec un grand délirant. Pour ça, j'ai vu aux Etats-Unis qu'on utilisait des images faisant partie de l'iconographie interne du patient. C'est la similitude entre l'image extérieure et celle qu'il a dans la tête qui va créer le contact.

— Ce qui veut dire ?

— Qu'on pourrait exhiber sur la piste un grand portrait de Pol Pot. Un truc immense, à la chinoise.

— Quelque chose qui en jette, lance Etienne séduit par cette idée. Une preuve de notre révérence, de notre admiration.

— Mais ce n'est pas Mao, mon cher, il ne s'est jamais laissé photographier…

Je me tourne vers Sedan, glaciale :

— Je suis sûre que les services de police seront en mesure de trouver un bout de photo quelque part. C'est essentiel. On agrandit le document et on le place bien en vue des pirates…

Blot sait que si le chef des pirates de l'air souffre d'un délire organisé autour de Pol Pot, comme d'autres en France autour de Napoléon, ce portrait constituera une base de dialogue. On peut espérer, derrière cette communication officielle délirante avec le chef, établir une forme de négociation plus rationnelle avec les autres. Ils sont sept, ils ne peuvent pas tous être timbrés.

Un cri d'horreur, poussé par toutes les personnes présentes dans la tour de contrôle, nous fait faire volte-face.

La porte de l'avion vient de s'ouvrir et trois têtes ont roulé sur le tarmac, bientôt suivies des corps qui s'écrasent lourdement à côté de la carlingue.

Chacun reste pétrifié et puis, brusquement, alors qu'un commandant de C.R.S. arrive en courant, on s'affole autour de la table chargée d'appareils. Le traducteur semble sur le point de craquer. Impossible de dire si c'est parce qu'il a le commandant de gendarmerie sur le dos ou parce que sa famille a été massacrée du temps des Khmers.

— Commandant, déclare Blot en s'adressant directement au gradé, cet homme n'est pas en état de nous servir de traducteur.

— De quoi vous mêlez-vous ?

— Ecoutez, rétorque mon patron excédé, je ne suis pas venu faire de la figuration. Si je ne sers à rien, je rentre chez moi et j'assisterai à vos exploits devant ma télévision. Cet homme n'est pas en mesure, quelle que soit sa compétence, de nous servir de traducteur pour l'instant. Il faut des jeunes, qui n'ont pas connu le régime des Khmers et sur qui votre violence verbale produira un stress modéré.

— Ma violence verbale ? s'indigne le commandant.

— Le professeur Blot a parfaitement cerné le problème, intervient la voix calme du Têtard. Nous avons besoin de traducteurs d'une nouvelle génération pour établir un nouveau contact avec les pirates. C'est comme dans les couples, ajoute-t-il à mi-voix en me regardant. On repart à zéro.

Le stress ne l'empêche pas de fonctionner, lui, bien au contraire. Il paraît dans son élément, calculateur et précis. Très en forme, à vrai dire.

Une heure plus tard, une demi-douzaine de traducteurs cambodgiens de moins de trente ans arrivent, vêtus de strictes chemises blanches, cravate pour les hommes, jupe bleu marine pour les femmes. Dans le même laps de temps, le laboratoire de la police nous livre le gigantesque agrandissement, collé sur contreplaqué, d'une photo un peu floue d'un homme maigre et falot, aux yeux embués derrière de vilaines lunettes.

— Regardez-moi ça, philosophe le Têtard en me présentant le portrait de Pol Pot. Il n'a aucun charisme et des milliers d'hommes se sont empressés de lui obéir…

— Quelle sale tête. Il a l'air sournois et visqueux. Il me dégoûte !

Un demi-sourire flotte sur les lèvres du Têtard quand il répond :

— C'est ce qu'on dit toujours au début…

13

On descend sur la piste deux portraits, entourés d'une discrète guirlande de fleurs en papier. Conformément aux instructions de Blot, ils sont installés devant les C.R.S., bien en face du cockpit.

Pendant l'heure qui a précédé l'arrivée des traducteurs et des portraits, alors que les autres psychiatres allaient manger un sandwich à la cafétéria, nous avons pensé à mélanger des neuroleptiques avec l'eau et les aliments fournis au commando. L'idée était de calmer le délire du chef sans empoisonner les passagers qui risquent de boire et de manger les mêmes ingrédients. Cette éventualité nous a conduits à téléphoner aux familles des otages pour obtenir des détails sur l'état de santé de chacun. Nous savons désormais que nous nous trouvons devant un problème insoluble. Plusieurs passagers risquent tout simplement d'en mourir.

Les haut-parleurs qui amplifient les paroles des pirates quand ils communiquent avec nous — ce qui arrive rarement — se font soudain l'écho d'une violente dispute.

Les yeux brillants d'excitation, deux jeunes traducteurs traduisent à toute vitesse :

— Le chef a vu les portraits sur la piste. Il veut qu'on en installe un dans l'avion.

— Les portraits sont plombés ? s'enquiert le Têtard avec flegme.

— Oui, capitaine.

La petite guirlande de fleurs qui entoure si joliment chaque portrait a donc été truffée à notre insu de micros et de gadgets dont je n'ai même pas idée.

— Vous auriez pu nous prévenir, proteste notre patron.

— Vous croyez ? fait-il poliment.

Il n'en voit certes pas l'utilité. Pour lui, nous ne sommes que des traducteurs d'une espèce un peu particulière, rien de plus.

De l'autre côté des vitres, à quelques mètres de l'avion, les corps sans tête de trois passagers rôtissent sous le soleil de midi. Dans les haut-parleurs, un pirate ulcéré par les machinations de la police française s'oppose à l'introduction de ce portrait ridicule dans l'avion et rappelle les objectifs du commando. La traductrice n'a pas fini de transcrire qu'un coup de feu claque, suivi de cris et d'un autre coup de feu.

Sur la piste, le périmètre de sécurité se réduit de plusieurs mètres. Profitant de la confusion, les hommes du R.A.I.D. resserrent l'étau.

Etienne me jette un coup d'œil signifiant que notre objectif secret, provoquer des conflits entre les pirates, est en partie atteint. Il n'en reste plus que six.

— Ils exigent qu'on leur apporte un portrait dans l'avion, déclare un jeune traducteur aux yeux brillants.

— C'est d'accord, acquiesce le commandant.

— Ils refusent que le portrait soit livré par un policier. Il faut que ce soit un civil.

— Pas de problème.

Et, plus bas, au Têtard :

— Nous avons une femme dans le corps d'intervention. On va l'habiller en civil et ça fera la blague.

— Et si on leur proposait un médecin, puisqu'ils ont un blessé ? suggère le Têtard. Une femme médecin ?

— A condition qu'elle soit célibataire sans enfants, précise fermement le gradé. Nous ne pouvons pas envoyer une mère de famille au casse-pipe.

Quand je surprends les regards dubitatifs qui convergent vers ma modeste personne, mon cœur descend brutalement dans mes talons. Ils ne se demandent pas, en effet, si j'ai une chance de réussir mais si l'on peut se permettre de me perdre. On évalue le retentissement médiatique d'un « accident », ses implications politiques. On suppute. En bref, est-ce que je possède une valeur quelconque ou puis-je être sacrifiée ?

Sans attendre le résultat de ces délibérations silencieuses, je me tourne vivement vers le Têtard, persuadée qu'il va s'y opposer. Je croise son regard gris, enfoncé sous les sourcils, posé sur moi sans la plus petite lueur d'humanité. Glacée, je pense à Manuel et à Céline Belmont, au rôle occulte qu'il joue dans leur histoire. Nous sommes ses pions.

— Franchement, Véra, je ne vois que vous, remarque obligeamment Blot. Les femmes psychiatres qui sont ici ont largement dépassé la limite d'âge pour ce genre d'exploit. Qu'est-ce que vous en pensez ?

C'est finement joué de la part du Têtard. Il m'a placée dans une situation où je vais obligatoirement perdre la face. Il sait que je refuserai. Il compte là-dessus. Après cette affaire, je ne serai jamais plus qu'un second couteau aux yeux du patron, une petite employée du Centre d'Intervention, gentille mais un peu couarde. Pas très crédible, donc sans danger pour tous les Paul Belmont.

Pour les autres parties présentes, j'incarne seulement

le moyen d'affirmer au journal de vingt heures que tout, absolument tout, a été tenté pour éviter le bain de sang. Nous sommes les psys-alibis, Etienne ne nourrit pas plus d'illusions que moi sur le sujet mais nous connaissons assez notre métier pour espérer obtenir des résultats. Peu importe nos trucs, nos recettes, nos raclures de marmite, nos potions concoctées à partir de grimoires usés. Peu importe ce que les autres pensent de nous, ça peut marcher.

Je m'entends déclarer avec sang-froid :

— C'est une idée qui peut donner des résultats. De toute façon, nous n'avons pas le choix.

— Véra ! prévient Etienne. Ne te laisse pas manipuler par ce con. C'est trop dangereux.

Personne ne l'écoute. Les huiles se lancent dans une discussion sur tout le parti qu'on peut tirer d'un médecin — fût-il psychiatre. Ils s'expriment avec des voix brèves, pressées, réfléchissant vite, en professionnels. Les traducteurs se remettent en action, des hommes en uniforme partent d'un pas rapide. Penché sur moi comme un manager juste avant le combat, Etienne me fait réviser la marche à suivre. Je le sens inquiet, déchiré. Faut-il me laisser y aller ?

— Etienne, soupiré-je, je sais que tu vas chercher à me décourager parce que tu as peur pour moi. Ça me fait chaud au cœur... Mais j'ai besoin que tu m'aides, au contraire.

Blot revient, un peu moins à l'aise :

— Vous êtes sûre de vouloir tenter le coup, Véra ? Nous pouvons faire marche arrière si vous voulez...

Il est sincère, je le sais. Néanmoins, je ne regrette rien.

Nous nous mettons au travail, dressant l'inventaire de l'arsenal chimique que je dois emporter. Etienne veut faire maquiller les boîtes.

— Nous pouvons vous donner des boîtes vierges, sans étiquettes, propose le commandant avec qui nous traitons directement.

— Trop risqué, remarque Blot. Cela ne fera qu'attiser leur paranoïa. Il faut utiliser des noms qui correspondent à des médicaments en vente dans toutes les pharmacies…

— Il vous faut aussi des pansements, du désinfectant, du matériel de petite chirurgie, insiste le commandant.

Il est de bonne volonté mais on ne lui ôtera pas de l'idée que cette affaire ne relève pas de la compétence d'amateurs dans notre genre.

Il est ensuite question de me poser des micros et des machins sur le corps. Je refuse tout net.

— Vous savez déjà ce qui se passe dans l'avion.

— Ils peuvent couper le contact quand ils le désirent.

— Et moi je refuse de mourir pour ça. Non. Désolée, rien sur moi.

— Alors débrouillez-vous pour poser cette boîte sur la carlingue de l'avion, près de la porte en entrant. Vous n'avez qu'à la tenir au creux de votre main, de cette façon. Quand vous toucherez la porte, elle adhérera automatiquement.

— Qu'est-ce que c'est ?

— Un bon moyen de ne pas vous perdre complètement. Vous parlez anglais, au moins ?

— Suffisamment.

Enfin, après m'avoir chargée de conseils, médicaments et recommandations de toutes sortes, ils me laissent partir.

Sincèrement, tous ces préparatifs ne me posent aucun problème. Au moment où j'arrive sur la piste, ma trousse blanche bardée d'une croix rouge en bandoulière, je ressens même une légère exaltation. Au fond, mourir résoudrait un certain nombre de mes problèmes.

Je tiens à bout de bras un immense portrait de Pol Pot derrière lequel je disparais. Je me sens un peu bête et, l'espace d'une seconde, l'idée d'être filmée par toutes les caméras du monde dans cette situation inconfortable m'irrite.

Je traverse le périmètre de sécurité. Quand je dépasse la tête de la première victime, à droite, une onde de choc me traverse. J'enjambe une flaque noire, là où les corps abandonnés se sont vidés de leur sang, l'énorme avion dressé devant moi, m'écrasant de toute sa masse.

Collés aux hublots, je discerne des visages grimaçants de terreur. Pas d'autre bruit que celui du portrait, heurtant maladroitement la rambarde métallique de l'escalier amovible.

La grosse porte coulisse au moment où j'atteins la dernière marche et je me retrouve devant un trou béant. Une fraction de seconde, j'ai pu effleurer le revêtement métallique de la carlingue et la puce aimantée y a aussitôt adhéré. Je fais glisser le portrait devant moi et pénètre avec lui dans l'avion.

Une odeur brutale de pisse, de sueur, de vomi, me prend à la gorge. Je suffoque. Hérissés d'armes automatiques qui me paraissent énormes, les pirates m'encerclent.

C'est alors que je comprends le dessein profond du Têtard. En acceptant d'intervenir, histoire de ne pas ruiner définitivement ma carrière, je n'avais aucune chance d'en sortir. Il m'a envoyée mourir au champ d'honneur et je me suis empressée de lui obéir.

Ils me fouillent rapidement. Je me félicite d'avoir refusé les micros et de m'être ainsi épargné une occasion supplémentaire de crever. Ils sont tous cambodgiens et je m'efforce de bien regarder leurs visages en les nommant intérieurement pour les identifier.

Deux d'entre eux s'emparent du portrait et l'installent sans attendre face aux passagers, à l'endroit où descend habituellement l'écran de cinéma.

Un homme en treillis militaire se dresse devant moi, une machette glissée dans sa ceinture. Je suis frappée par son regard fiévreux, hanté. Sans doute le schizo de service. Je n'ai pas le temps de le détailler car il tire si brutalement sur ma trousse que je me sens projetée en avant. La lanière cède et je pars m'écraser contre la porte des toilettes. Quand je me retourne, haletante, choquée, les cinq hommes m'observent. La trousse à la main, le schizo m'examine sous toutes les coutures, exactement comme si j'étais un animal d'une espèce inconnue. Il porte autour du cou une sorte de collier, en réalité un fil sur lequel sont enfilées six grosses perles blanchâtres.

Un flot de bile aigre emplit ma bouche et je rends instantanément tout ce que j'ai sur l'estomac. Ce sont des yeux, les yeux des passagers décapités.

J'imagine que les otages ne sont pas précisément réconfortés de voir la personne en qui ils ont placé tous leurs espoirs s'effondrer dès le premier contact avec leurs tortionnaires. Vu les circonstances, un moment de doute serait parfaitement légitime. Mais l'essentiel demeure que ma crise de vomissement est interprétée par le schizo comme un signe de faiblesse. Une tocarde pareille ne peut pas être flic. Je ne représente donc aucun danger. A vrai dire, il n'en revient pas lui-même.

— Je veux sortir, bredouillé-je en anglais. *Out. I want to go out.*

J'exprime par là qu'un peu d'air frais me ferait du bien. Il comprend que je veux m'en aller, que je suis venue contre mon gré.

— *Out ?* Dehors ? Et tes chefs ? Qu'est-ce qu'ils vont dire ?

Qu'il interprète tout ce qu'il veut. Après une seconde d'hésitation, il me jette la trousse au visage en lançant à ses acolytes des ordres acerbes qui les mettent en mouvement. On m'entraîne vers la cabine de pilotage.

Sur le siège du pilote, un des pirates se vide lentement de son sang. Ce doit être celui qui a refusé de voir le portrait pénétrer dans l'avion. Le schizo lui a tiré dessus pour la peine mais comme les autres n'ont pas apprécié sa méthode, il prétend maintenant vouloir le faire soigner.

Je vois tout de suite que le cas de cet homme dépasse largement mes compétences. Par contre, je possède assez de morphine dans ma trousse pour faire n'importe quoi sans être dérangée par ses cris. Ma seule idée demeure : Comment arrêter le schizo ?

Je suis en train de recoudre la plaie avec le plus grand soin (en laissant la balle à l'intérieur) quand je reçois sa visite. Le visage neutre, je l'ignore résolument. A la fin de la séance de couture, je me redresse :

— Il y a quelqu'un d'autre ?

Brève discussion puis un autre pirate me tend une main ornée d'un bandage imbibé de sang. L'air sombre, j'examine longuement la plaie que je viens de dénuder.

Du temps où j'assurais des gardes aux urgences pour payer mes études, je plaignais les gens qui tombaient sur moi. Non que je me sois jamais montrée brutale ou maladroite, ni même ignare, mais une plaie, quelle qu'elle soit, me plongeait chaque fois dans un abîme de perplexité. Pas à cause de sa profondeur, de sa laideur, des difficultés qu'elle présentait pour être soignée, mais par ce qu'elle révélait de l'inconscient du patient. En effet, pourquoi cette personne s'était-elle blessée à la main ? Au pied ? Automutilation ou punition ? Quel but vise l'accident dans la vie d'un être ? A quoi sert-il ? A tout remettre en question, à se détruire, à se faire aimer ? L'accident, le vrai, celui qui arrive sans que rien ne le prédestine, existe-t-il seulement ? Quelle blessure de l'âme le corps expose-t-il ainsi au grand jour ?

A ce train, deux points de suture prenaient des heures et ma réputation était proprement lamentable. Peu importe. Alors que mon estomac fait des tresses africaines dans cette carlingue puante, ma vieille marotte me sert enfin à quelque chose. La main c'est le geste, l'action. Or cette main (droite de surcroît) s'est mise en état de ne plus agir. Très intéressant, cher Watson. Si cette plaie trahit, comme je le pense, un refus secret d'obéir au schizo, une forme d'insoumission, une rébellion inconsciente, je tiens la faille.

— C'est sérieux, déclaré-je, les sourcils froncés. Vous avez mal ?

Son cas ne présente aucune gravité mais si cet homme se sent mal, il avouera sa souffrance par ce biais. Elémentaire.

Il hoche la tête brièvement, sans qu'aucun muscle de son visage ne bouge. Un rebelle en puissance n'est pas un rigolo pour autant. Prudence, ma fille.

— Le nerf est touché, diagnostiqué-je. C'est grave. La main peut rester paralysée. Attendez, prenez ça.

Un bon Xanax, rien de tel pour vous ramollir un bonhomme. Je lui tends des cachets, sans mégoter sur la dose. Son voisin m'arrache la boîte des mains et se met à lire la composition du médicament qui se présente sous la forme d'un anti-inflammatoire puissant (on ne se moque pas de vous) mais classique (on est hyper-réglo). Je le laisse faire l'intéressant, en notant au passage qu'il a besoin de me montrer son pouvoir. Je le nomme donc Grincheux, par opposition à Petit Cœur, le blessé, et au Schizo. Désormais, ils ne forment plus une meute anonyme et monstrueuse mais un groupe de pauvres petits humains, justement mon rayon.

Ayant résolu de chouchouter ouvertement Petit Cœur, je fabrique une belle poupée autour de son doigt puis j'entreprends de lui poser une attelle. L'opération se déroule sans un regard aux otages car je tiens à marquer que je sais faire la différence entre les gens importants et ceux qui ne le sont pas.

Le psychotrope agit lentement mais sûrement. Les muscles de Petit Cœur se détendent. Il doit se sentir plus léger, apaisé. J'espère qu'il a bien repéré que je suis la cause de ce bienfait. Je n'ose pas lui sourire, me contentant de le sonder du regard tout en maniant mes instruments avec une humilité ostentatoire. Je ne vois pas ce que je pourrais inventer pour m'occuper encore de lui, à part, peut-être, lui faire les ongles.

Des hurlements stridents en provenance de la cabine nous font sursauter. Un des pirates tire une grosse dame par les cheveux à travers l'allée centrale. C'est une Française d'une cinquantaine d'années, les cheveux permanentés, le visage empâté mais jovial, une chaîne en or barrant le décolleté pudique de sa majestueuse poitrine. Derrière elle un homme du même âge, sans doute son mari, s'est écroulé sur son siège, le visage en sang.

La femme hurle, supplie, pleure horriblement. Je me raidis, paniquée, ne sachant comment lui porter secours. Arrivé devant le portrait de Pol Pot, le pirate la lâche, pointant son arme sur sa nuque. Je remarque l'extrême maigreur de cet homme, sa jeunesse aussi. Une courte vie de misère absolue l'a poussé à croire n'importe quel cinglé lui promettant un monde meilleur. Dans son cas, pas besoin d'être psychotique ; il suffit de vouloir vivre.

Impuissante, je m'efforce en vain d'imaginer un plan

quand Grincheux fonce sur nous à grandes enjambées furibardes. Il m'ordonne de lâcher la main de Petit Cœur. Comme je n'obéis pas assez vite, il me tape sur les doigts avec le canon de son arme. Ça fait très mal. Je lâche mes ciseaux tandis que le canon heurte au passage l'attelle de Petit Cœur, lui arrachant un cri. Il considère Grincheux d'un air mécontent, braque sur lui son pistolet-mitrailleur d'origine américaine et tire à bout portant. Grincheux s'effondre, tué net.

Dans le silence qui suit la détonation, Petit Cœur ne prête pas la moindre attention à la stupeur des autres pirates, ni à celle des passagers, tétanisés. Impassible, il me tend la main pour que j'achève mon œuvre. L'important est que je le bichonne.

Consciente d'un imperceptible changement dans son attitude, je l'observe en douce. Je me revois lui donnant les trois comprimés de Xanax tandis qu'une idée particulièrement déplaisante me vient à l'esprit. Et si Petit Cœur était le second psychotique dont Etienne m'a parlé ? Dans ce cas, les benzodiazépines risquent de provoquer une fâcheuse désinhibition. Pour parler clairement, s'il était déjà fou, grâce à moi il est devenu dangereux.

Le Schizo, lui, ne l'entend pas de cette oreille. Il se plante devant Petit Cœur pour exiger des explications. Celui-ci répond avec un calme impressionnant et, du fond de son délire, le Schizo semble sentir que Petit Cœur aussi a basculé. Il cesse très vite de lui chercher querelle et lui propose de s'occuper de l'exécution de l'otage. Avec un frisson d'angoisse, je comprends soudain pourquoi la grosse dame a été choisie : elle a de très beaux yeux. Pire que tout, je devine à l'air guilleret avec lequel il la considère que Petit Cœur doit être le spécialiste local en énucléation.

Pourtant, il n'a pas l'intention de renoncer à son nouveau nirvana avec la doctoresse pour servir de larbin au schizo. Avec un soupir d'ennui, il bâille, fixant son chef d'un air moqueur. C'est plus que le Schizo ne peut en supporter. Une balle traverse la tête de Petit Cœur, m'éclaboussant de cervelle et d'os.

Une panique absolue s'empare alors des passagers qui se mettent à hurler, se bousculant en désordre en une fuite inutile vers l'arrière de l'avion. Le Schizo ordonne à ses sbires de jeter dehors les cadavres de Petit Cœur et de Grincheux. Ils n'ont pas le temps de s'approcher de la porte : les hommes du R.A.I.D. viennent de donner l'assaut.

A l'instant où ils pénètrent dans la cabine, les géants cagoulés tirent sur les pirates sans leur laisser la moindre chance. Je ne sais pas, vu leur rapidité, comment je passe au travers. En fait, grâce à la puce qu'on m'a confiée, j'ai été localisée avec assez de précision pour que l'on puisse m'épargner. Pendant ce temps, d'autres cagoulés déboulent dans les allées, ouvrent les issues de secours. Les toboggans se déroulent, l'évacuation des otages commence immédiatement.

Comme je demeure incapable de bouger, un des géants me prend gentiment par les épaules et me conduit sur la passerelle. En haut des marches, l'air frais me paraît embaumer la lavande. En nous voyant surgir, les télévisions françaises et étrangères chargent, caméra au poing, portant la confusion à son paroxysme. Le géant qui m'accompagne entreprend de me faire descendre les marches, percevant que je ne ferai rien par moi-même tant que je ne serai pas lavée des débris de cervelle et d'os dont j'ai été aspergée. Le Têtard, qui grimpe quatre à quatre en sens inverse, très à son affaire, nous croise sans ralentir.

— Eh bien, Véra, lance-t-il, pas trop mal joué finalement…

J'estime mériter mieux, grave erreur. En bas des marches, le géant me dirige vers une ambulance.

— Vous les avez tous tués ? demandé-je soudain.

— Non… Tenez, voilà le chef.

On pousse le Schizo, enchaîné, en haut de l'escalier. Blessé à la jambe et au bras, cassé en deux par la douleur, il garde ce regard hanté et ce petit sourire vainqueur au-dessus de son collier d'yeux. Au moment où une infirmière prend mon bras pour m'aider à monter dans le véhicule blanc, des exclamations nous parviennent, une sorte de tumulte en haut de l'escalier. Le Schizo s'est effondré. On dirait que le Têtard l'a frappé. Les hommes du R.A.I.D. forment aussitôt une bulle autour de lui, le dissimulant aux regards de tous. Je m'installe sans broncher dans l'ambulance. Au fond, je m'en fous.

14

L'infirmière prend la mesure d'urgence qui s'impose et m'aide à ôter mes vêtements. Elle me tend une blouse de médecin, désinfecte mon visage, mon cou et mes mains jusqu'à ce que je sois complètement lavée de ces débris humains. Ensuite, estimant sans doute que je connais le chemin, l'ambulance me dépose devant la tour de contrôle, et repart chercher de vrais blessés.

Combien de temps tout cela a-t-il duré ? Un siècle ? Une heure ?

Dans le Q.G. ne restent plus que les huiles, préparant fiévreusement la conférence de presse avec leurs conseillers. Je m'étonne que le Têtard ait raté une telle occasion de briller puis je me rappelle qu'il n'aime pas les médias. Sa carrière se construit dans l'ombre.

En me voyant entrer, Paul Belmont se lève pour m'accueillir :

— Je vous félicite, déclare-t-il avec enthousiasme, nous vous devons tous une fière chandelle…

— J'ai besoin d'un café, dis-je.

— Mais… bien entendu. Tenez, prenez celui-ci, il est excellent.

Pas de gobelets, pour les pontes, mais des tasses en

porcelaine. Après avoir déposé dans la première poubelle le sachet en plastique contenant mes vêtements souillés, je prends la tasse qu'il me tend. Nous nous trouvons un peu à l'écart, en marge de la réunion qui se poursuit sans lui.

— Comment va Manuel ? demandé-je abruptement.

— … Bien, répond Belmont, pris de court. Très bien.

— Très mal, évidemment. Ne me racontez pas d'histoires, j'ai vu son dossier. Vous auriez pu me dire que toute sa famille avait été massacrée dans le Sertao.

Si j'avais été dans mon état normal, j'imagine que j'aurais abordé le sujet de façon plus subtile. Ou que je ne l'aurais pas abordé du tout. Le genre de truc auquel on pense après avoir choisi une moquette neuve pour son cabinet. En attendant, le sourire de Belmont a disparu.

— Vous avez raison, reconnaît-il froidement. Ma relation avec Manuel est assez mauvaise. Ce n'est pas de ma faute mais c'est comme ça.

— Mauvaise à quel point ?

— Il ne m'adresse plus la parole, fait semblant de dormir quand j'entre dans la pièce, part quand j'arrive. Ce genre-là quoi…

— C'est assez normal si l'on considère qu'il vous prend pour l'assassin de ses deux mamans…

Quelle mouche me pique ? Ce n'est ni le lieu, ni l'heure pour une telle conversation.

— Mais comment pourrais-je être responsable de ce qui est arrivé au Brésil ?

Pourquoi seulement au Brésil ? Normalement, en France non plus il n'est pas responsable des malheurs qui lui arrivent. Il insiste, bouleversé :

— Vous croyez que je peux faire quelque chose ?

— Vous pouvez toujours venir avec lui, demain, au Centre. En attendant, tâchez d'être sincère sur les petites choses. Ne mentez pas tout le temps. Si vous êtes fatigué, admettez que vous êtes fatigué. Ne dites pas : « Je me sens en pleine forme ! Si on piquait une tête dans la piscine ? » Comme il sent que vous mentez, il en conclut que vous voulez le noyer.

Parler de Manuel me distrait à la manière d'un petit feuilleton après une journée chargée. Ça m'empêche de penser, mais pas longtemps. Etienne fond sur moi, sorti de nulle part :

— Je te cherche partout ! Comment tu te sens ?

— Epuisée.

— Le débriefing se passe en bas. On a réquisitionné toute une salle d'embarquement. Tu viens ?

— Ecoute, je ne suis pas en état de bosser…

Un grand sourire s'étale sur sa figure. Je suis décidément une fille hyper-drôle.

— T'as pas compris, Véra. Le débriefing, c'est pour toi. Tu viens, tu t'assieds et tu vides ton sac. Pas question que tu rentres chez toi comme si de rien n'était.

A aucun moment, je n'ai envisagé que moi aussi je puisse avoir besoin de soins.

— C'est pas la peine, je t'assure…

— Tu ne t'es pas regardée !

A cet instant, un aréopage de flics en civil pénètre en force dans la tour de contrôle. Nerveux, excités, joyeux, on dirait qu'ils rentrent vainqueurs d'un match de foot. Tous, sauf le Têtard qui passe sans nous voir.

— Capitaine ! l'interpelle Etienne. De quel droit avez-vous frappé un prisonnier ?

Au début je ne vois pas à quoi il fait allusion et puis je comprends qu'il s'agit du Schizo. Aucune réaction de la part du capitaine.

— Il était pieds et poings liés, insiste Etienne, véhément. De plus, il est très malade, totalement irresponsable. Votre acte salit toute la police…

— Arrête, Etienne.

L'attitude du capitaine m'oblige à intervenir. Il demeure sans bouger, sans entendre ce que nous disons. En arrière-plan, le café circule. Certains allument des cigarettes, ce que le commandant n'a pas autorisé jusque-là.

— Il est en état de choc, dis-je à mi-voix. Ou alors c'est de l'épilepsie...

— Merde. Je crois que tu as raison. On dirait qu'il va faire une crise.

Blême, le visage luisant, presque graisseux, le Têtard lui fait face.

— Bravo, Sedan ! Vous avez eu l'idée du siècle en envoyant le docteur Cabral !

Belmont est de retour avec sa voix de menteur, le pot de café vissé dans la main, genre je fais le service, très démocratique. Il s'arrête net, frappé par la fixité de l'expression du capitaine.

— C'est juste un petit passage à vide, explique Etienne en tendant un cachet au Têtard.

— Prenez ça, commande-t-il. Vous n'êtes plus en état de travailler. Vous allez provoquer un accident. Nous allons descendre ensemble dans la salle d'embarquement.

J'admire sa loyauté envers toute personne qu'il considère comme un patient. Il ne profite pas de la présence de Belmont pour parler de l'agression du Schizo. Il n'y fait même pas allusion. Le capitaine a un problème, c'est tout ce qui compte. L'incident conforte simplement sa théorie selon laquelle, dans notre métier, les flics sont plutôt plus dangereux que les patients.

Impressionné par l'autorité d'Etienne, Belmont nous regarde quitter les lieux sans commentaire. Son intérêt lui impose de préserver la réputation du capitaine. Peut-être a-t-il à son égard un petit élan de compassion, un petit souci pour sa santé. Je n'en jurerais pas.

Le cachet d'Etienne fait peu à peu son effet. Sur le seuil de la grande salle où se déroule le débriefing des otages, le Têtard retrouve l'usage de la parole :

— Je vais rentrer chez moi, annonce-t-il d'une voix monocorde.

Se souvient-il seulement qu'il a frappé un prisonnier ?

— Je vous raccompagne, déclaré-je.

— Pas question, coupe Etienne. Vous restez tous les deux.

— Etienne, je te promets que j'ai quelqu'un à qui parler de tout ça.

Ce qui, dans notre langage de psys, signifie qu'on a un autre psy à qui parler.

— Véra… Je ne veux pas te voir payer cette aventure dans trois mois ou dans dix ans. C'était tout de même très brutal…

— Je t'assure que je prends cela très au sérieux.

Curieusement, l'incident avec le Têtard m'a remise en selle. Ma proposition de le raccompagner n'est d'ailleurs nullement désintéressée. Je m'aperçois qu'Etienne est choqué, qu'il s'imagine des choses. Des… choses, vous voyez. Il nous quitte un peu sèchement, ce qui m'étonne de lui. Se peut-il qu'il soit jaloux ? Je n'ai jamais imaginé que je pouvais plaire à Etienne. Derrière ses petites lunettes rondes, ses yeux d'émeraude brillent d'un éclat tout particulier, de même, hélas, que l'alliance à sa main gauche.

Nous prenons ma voiture. Le Têtard sort peu à peu du brouillard, soupçonnant qu'il a dû se passer quelque chose de grave pour que je sois en train de le reconduire chez lui.

— Je suis surmené en ce moment, déclare-t-il.

Je ne réponds pas.

— Vous aussi, bien sûr. C'était très éprouvant… J'en parlerai au ministre. Ça vous plairait d'être décorée ?

— Oh ! que non.

Il croise et recroise ses grandes jambes, embarrassé par mon silence. Je conduis, impassible, bien décidée à le laisser s'empêtrer tout seul dans son bavardage mondain.

— Ecoutez, je ne sais pas ce qui m'a pris…

— Je pense au contraire que vous le savez très bien. Mais ça vous regarde.

— Merci, répond-il avec un sourire.

La vie est revenue sur son visage tout en angles. Je le sens s'animer à mes côtés, avec pour principal souci de minimiser cette défaillance qui lui fait honte.

Tout en conduisant, je revois le moment où Etienne l'a interpellé. Il avait la tête d'un homme qui a croisé un fantôme. Que s'est-il passé en haut de la passerelle ? Qu'a donc fait le Schizo pour le mettre dans cet état ?

— Vous pouvez me laisser au coin, dit-il, la rue des Carmes donne dans le boulevard Saint-Germain.

— Ça va, je connais.

— Voilà, c'est ici.

— Je monte avec vous.

Il a un sursaut d'horreur à l'idée que je puisse le suivre.

— Ce n'est pas la peine, rétorque-t-il, glacial.

— Pour vous peut-être, pour moi si.

Pendant les cinq minutes qui suivent, il proteste, au point que je me demande s'il ne m'a pas indiqué une fausse adresse. La sueur revient mouiller son front mais je n'en démords pas.

Je sors de la voiture en même temps que lui, garée n'importe comment, détail sans importance puisque j'ai des relations désormais. Je vais être décorée.

— Si vous continuez, je vais m'évanouir en pleine

rue, déclaré-je. Je viens de vivre un moment horrible, je vous ai raccompagné, vous pouvez au moins m'offrir un verre d'eau !

Il se rend compte, à regret, qu'il ne peut pas m'abandonner sur ce bord de trottoir après ce que je viens de vivre. Ce serait non seulement indélicat mais bizarre. Ça pourrait faire le tour de ses collègues, alimenter une rumeur. Il est coincé.

Les mâchoires serrées, il m'entraîne avec lui dans l'escalier d'un vieil immeuble. Craignant de l'exaspérer davantage, je n'ouvre pas la bouche pendant que nous escaladons les marches inégales jusqu'au quatrième étage. On dirait qu'il est à nouveau sur le point de craquer.

La porte s'ouvre comme par magie, avant même qu'il ait le temps de sortir ses clefs. Assis dans un fauteuil roulant, un homme apparaît sur le seuil, massif, tassé, un regard perçant sous des cheveux blancs et drus, des orbites enfoncées. La ressemblance entre eux saute aux yeux.

— Qu'est-ce que tu fous ? aboie le bonhomme en s'adressant à son fils.

Il me dévisage comme s'il allait me cracher au visage.

— Mademoiselle ne se sent pas bien, avertit Sedan. Elle a besoin d'un verre d'eau.

J'ajoute avec un sourire engageant :

— Plutôt quelque chose de chaud si c'est possible…

— Foutez le camp. Foutez le camp tous les deux. C'est pas l'heure.

Il nous claque la porte au nez. Je perçois un tremblement de rage chez son fils et je m'attends à ce qu'il enfonce le battant. Au lieu de quoi il tourne les talons, sans insister, avec un petit air vaincu très inattendu.

— Vous êtes contente ? grogne-t-il quand nous nous retrouvons sur le trottoir.

J'en reste bouche bée.

— Ecoutez, ce n'est pas ma faute si… Hé ? Où allez-vous ?

Planté au coin de la rue, il lève le bras pour arrêter un taxi.

— Où voulez-vous que j'aille ? Je vais bosser !

— Mais vous n'êtes pas en état de…

— De baiser ? grince-t-il en essayant de sourire. Certainement pas. C'est bien ce que vous aviez en tête ?

Il s'engouffre dans le taxi et disparaît. Ses paroles m'ont fait l'effet d'une gifle. Pour qui me prend-il ? Avant de remonter dans ma voiture, je lève les yeux vers les fenêtres de l'appartement. Le père m'observe, immobile dans son fauteuil roulant. Je ne le distingue qu'à peine mais sa haine parvient jusqu'à moi.

15

Où sont les médailles et les flonflons ? J'ai l'impression d'avoir raté une marche. On doit m'attendre quelque part avec la fanfare mais je me suis égarée en chemin avec un flic minable. Bizarrement, j'en éprouve la même tristesse que si je venais de perdre un copain. Il m'a un peu fait rêver et maintenant, j'en ai honte.

J'appelle Selim depuis mon portable pour lui fixer rendez-vous à la Horde Sauvage, le restaurant de mon frère Didier et de mon cousin Théo dans le Marais. Bien que ce soit un peu tôt pour dîner, j'ai cruellement besoin de compagnie. De plus, comme le préconise Etienne, il faut que je parle à « quelqu'un ».

— Tu n'as pas réservé, observe placidement Didier en me voyant débarquer.

— Ta sœur doit réserver ?

— C'est pas de ma faute si les affaires marchent. Tiens, installe-toi dans le coin…

— Mets-moi un sac sur la tête pendant que tu y es.

Il rit et part derrière le bar pour me servir un verre.

— Salut Gillou.

— Salut, répond Gilles en reniflant.

Le jumeau de Didier, notre numéro 2 bis, passe tous les jours prendre un verre à la Horde, en quête lui aussi de nouvelles des Autres. Il renifle parce que ça fait prolo et que son but dans la vie a toujours été de ressembler à un prolétaire. D'après ce que j'ai pu constater dans mon cabinet, les vrais prolétaires sont bien plus distingués mais cette idée ne l'effleure pas. En conclusion, son reniflement et son claquement de langue après le verre de blanc torché cul sec me portent sur les nerfs, comme d'habitude. Il énerve aussi mes parents et tous les Autres, sauf Didier qui juge son frère parfait, bien entendu. Le garage de Gilles a financé le restaurant de Didier, mais ça ne compte pas. Gilles pourrait zoner comme un parfait trou de balle, Didier ne lui trouverait aucun défaut.

— Alors la Verrue, t'étais à Roissy ?

Certaines personnes détiennent l'exorbitant pouvoir de vous exaspérer dès le premier mot. Véra-la-Verrue, vous l'avez compris, ça ne date pas d'hier. Je ne relève pas, évidemment, allumant une cigarette tandis que Didier remplit le verre de son frère dans un état de totale adoration.

— Je t'ai vue dans le poste, insiste Gilles.

— Et t'as compris de quoi ça causait ? dis-je en singeant son accent. Tu fais des progrès, Gillou.

— Qu'est-ce que t'as, ma poule ? Tu ne m'aimes plus ?

Mais Didier a déjà la main sur le téléphone :

— Véra est passée à la télé ?

— Bonsoir ! nous lance Selim en arrivant.

Mes deux frères l'accueillent avec chaleur, et pas seulement parce qu'ils sont soulagés de ne pas écoper seuls de mon humeur maussade. Dix ans d'amitié sans nuages avec un des leurs, cela revient à faire partie du clan.

— Bon, j'appelle maman ? coupe Didier.

J'explose :

— Vous ne pouvez pas arrêter de parler et de vous comporter comme des beaufs, tous les deux ?

Ils se regardent, ébahis.

— C'est-à-dire ?

— Félicitez-moi d'avoir sauvé des gens. Pas d'être passée à la télé. D'accord ?

— Comment elle est ! s'écrie Didier, interloqué.

Il prend son jumeau à témoin de tant de mauvaise grâce.

— Je ne vois pas où est le mal, proteste Gilles. Tu ne passes jamais à la télé ! Pour une fois, on peut en parler, non ?

— Si on ne prévient pas maman, on va se faire tuer, tranche Didier en composant le numéro parental.

En fin de compte, comme il y a une télévision dans le cagibi qui sert de bureau, Gilles, Selim et moi allons regarder le journal de vingt heures. Didier s'occupe de deux clients américains qui viennent d'arriver, pas fâché de nous savoir à l'écart. Une concentration de Cabral, même faiblement dosée, peut nuire au commerce.

Le journal s'ouvre sur la prise d'otages de l'aéroport. Je me découvre au milieu de la piste, me dirigeant vers l'avion, écrasée par le portrait de Pol Pot.

— Tu sais que tu devrais faire du cinéma, plaisante Selim.

— De dos, tu es exceptionnelle, ajoute Gilles.

Ça me fait tout drôle de me voir. D'autant que, ne possédant pas de miroir, cela ne m'arrive jamais. S'il existe des filles capables de se mettre nue dix fois dans l'après-midi, dans dix magasins différents, pour acheter en fin de compte la même jupette inconfortable, je n'en fais pas partie. J'achète mes vêtements sans essayage préalable, d'où, parfois, certains débordements. Aujourd'hui, rien à craindre. Je peux même me targuer d'une extrême correction avec mon jean noir plaqué sur mes hanches, ma chemise Oxford blanche boutonnée jusqu'au col. En comparaison, un poisson rouge ferait figure de bombe sexuelle.

A cette idée, une sorte de froid s'insinue sournoisement dans mon cœur. Voilà que ça me reprend.

— Putain les mecs, ils sont bons ! s'extasie Gilles devant la manœuvre du R.A.I.D. filmée en direct. Tu as vu comment ils avancent ?

Je découvre comment les cagoulés ont profité du désordre que j'ai provoqué pour fondre sur l'avion. La rapidité de l'assaut nous laisse pantois, même Didier, posté devant la porte, un plat de poivrons marinés à la main.

— Ils auraient pu t'interviewer à la sortie, regrette Gilles, déçu.

— Elle n'est pas encore sortie, fait observer laconiquement Selim.

— Hein ? glapit mon frère. T'étais encore là-dedans ?

— Comment tu voulais que je sorte, banane ?

— Putain, taisez-vous !

Les coups de feu, les cris, les toboggans qui jaillissent de chaque côté, les otages qui glissent, semblables à des pantins désarticulés, alors que les ambulances arrivent de toutes parts comme au signal d'une course.

Et puis moi à nouveau, la chemise couverte de taches sanguinolentes, la mèche rousse en bataille, enlacée telle une petite vieille par un géant qui me porte à moitié.

— Dis donc, t'es pas fraîche, commente Selim en coulant vers moi un de ses regards plus pro que pro.

Je n'écoute pas : le Têtard vient d'escalader la passerelle d'un pas alerte, frais et dispos, me croisant avec indifférence. Zoom sur le visage du Schizo qui titube, pieds et mains entravés. Le Têtard s'arrête. Le gradé qui a dirigé l'assaut lui parle, il n'entend pas. Que fixe-t-il avec une telle intensité ? Le collier d'yeux. Ah oui. Saisissant, n'est-ce pas ? Mais le Têtard, lui, ne vomit pas. Il avance vers le schizo, il fait un geste sec de la main, on ne voit pas ce qu'il tient, le schizo tombe à genoux, les mains crispées sur le ventre.

La suite a été coupée au montage. Le présentateur réapparaît, le ministre de l'Intérieur vient d'arriver sur le plateau, désireux de nous entretenir des événements. Un petit coup de zappette le fait taire et l'écran redevient noir.

Pendant que mes frères s'excitent, en ligne avec la horde, je termine tranquillement ma bière en compagnie de Selim. Didier a bien voulu nous trouver une table. Mon état d'esprit a changé. J'ai l'intime conviction d'avoir accompli un immense progrès et cela me rend presque euphorique. Je ne sais toujours pas pourquoi le Têtard a disjoncté, mais j'ai appris où et quand cela s'est produit. A partir de là, je peux déduire pas mal de choses.

Le lendemain matin, je m'éveille à peu près d'aplomb. Pendant toute la soirée, Selim a prêté une oreille bienveillante à mon récit, allant même jusqu'à me donner quelques pistes d'investigations pour le cas du Têtard. Quant au fait qu'il ait poignardé le schizo, il n'y a plus que moi pour l'affirmer : au journal de vingt-trois heures, l'incident a disparu des reportages. A la place, on peut profiter de bouleversantes interviews d'ex-otages. Selim estime que je me trompe sur la signification réelle de son geste, que j'interprète. Après tout, je n'ai pas vu ce qui s'est passé. Par contre, il élimine comme moi la thèse de l'épilepsie et s'accorde à trouver le Têtard « particulier ». Il le soupçonne d'être un transfuge d'un corps d'action, en attente d'une mutation vers des responsabilités plus importantes ou en formation dans la police urbaine. Selim ne le voit pas en train de perdre son sang-froid. Pour lui, ça ne colle pas avec le personnage. Pour moi, le mystère réside peut-être dans une dualité profonde, une violente dichotomie entre sa surface et son noyau.

— De même que les trois quarts de l'humanité, m'a rappelé Selim avec philosophie. Nous sommes tous doubles, triples, écartelés entre des abysses et des sommets… Ce n'est pas en cela qu'il est spécial, ton bonhomme.

— Il ne dort pas, ai-je précisé. Je ne sais même pas s'il a un lit quelque part.

— Tu m'as dit qu'il vivait avec son père.

— On dirait qu'il n'a accès à l'appartement qu'à certaines heures. Et il n'a pas la clef.

— Et s'il t'avait menti ? Si ce n'était pas vraiment chez lui ?

— Quel intérêt aurait-il à me montrer qu'il obéit à son père comme un gamin ? Ce n'est pas très flatteur pour un super-flic.

— En tout cas, il t'intéresse énormément, a remarqué Selim avec un sourire.

Et il s'est empressé d'ajouter :

— Ça n'a rien de déshonorant. Tu n'es pas obligée de bâtir un cas autour de lui pour te justifier. Tu seras peut-être étonnée de l'apprendre, mais la plupart des femmes sont attirées par les hommes et vice-versa.

De la main, je balayai l'argument :

— Dans ce cas précis, c'est tout à fait hors de question. Crois-moi.

Nous avons terminé nos assiettes en silence, la cuisine de la Horde Sauvage justifiant pleinement notre soudaine concentration. Mais au moment de payer l'addition, Selim est revenu à la charge :

— Ecoute, Véra, tu ne m'as jamais abreuvé de confessions sentimentales, et je t'en remercie, mais tu pourrais tout de même me dire si cet homme-là…

Je l'ai coupé avec un grand sourire et une désinvolture calculée :

— Ecoute, mon vieux, il faut que tu te mettes une bonne chose dans le crâne : Je ne suis pas disponible. Ni maintenant, ni jamais.

16

L'homme apparaît dans l'encadrement de la porte, statue de pierre sur son fauteuil roulant.

— Bonjour monsieur, le capitaine Sedan m'a demandé de prendre une cassette vidéo dans sa chambre et de poser les disquettes sur son bureau.

— Ce n'est pas l'heure.

Moi, les dingues, je les connais. Celui-ci ne m'impressionne pas. Je plonge mon regard dans le sien, en déclarant d'une voix égale :

— Pour vous peut-être, pour moi si.

Je le repousse sans ménagements et pénètre dans l'appartement tandis que le fauteuil recule et va doucement heurter le mur. Surpris, il n'a pas résisté. Il hurle :

— Je vous interdis !

— J'en ai pour une minute.

La première porte donne sur une chambre grise avec un grand lit gris, deux tables de nuit symétriques, une armoire. La chambre des parents Sedan, lugubre et froide. J'entre directement dans la seconde chambre, juste en face. Comme prévu, c'est celle du garçon : lit étroit recouvert d'un tissu à carreaux rouges et bleu marine, assorti aux rideaux. Un petit bureau sur lequel trône un ordinateur, une chaise, des rayonnages couverts de livres de droit. Je ne m'attarde pas à analyser l'impression déprimante que provoque sur moi cet univers étriqué.

Posant les disquettes de Belmont sur la table, je parcours les rayonnages à la recherche d'une cassette que je découvre sans difficulté : Il n'y en a pas d'autre. Le capitaine ne craint rien ici. Quelle cachette plus sûre que cette chambrette sinistre ?

La cassette atterrit discrètement dans mon sac. Sur le pas de la porte, l'homme en fauteuil roulant m'observe sans mot dire.

— J'ai fini, monsieur. Vous voyez, ça n'a pas été long.

— Tu crois que je vais te laisser faire, salope ? siffle-t-il.

— Insultez-moi encore une fois et je porte plainte, rétorqué-je, bien décidée à ne pas me laisser impressionner.

— Porter plainte ? répète-t-il, incrédule. Salope de mes deux, tu vas voir ce que je vais te mettre ! A genoux !

— … Pardon ?

— A genoux ! hurle-t-il.

La lanière d'un fouet claque dans le vide. Pas de ces objets mignards *made in Taiwan* mais un véritable fouet d'éleveur camarguais.

— Monsieur Sedan, grondé-je, vous savez que je dois sortir…

— Ta gueule, connasse !

La lanière claque encore, je pousse un cri perçant, de douleur et de surprise. Une marque au fer rouge vient de s'inscrire sur mon visage.

— A genoux ! brame-t-il, hors de lui.

Luttant contre la panique, je tâtonne d'une main fébrile dans mon sac, à la recherche de mon portable.

— Lâche ça, pétasse !

La douleur me cisaille le poignet, j'étouffe un nouveau cri. Le portable tombe sur le sol. Suffoquée, je m'efforce de ne pas quitter l'homme des yeux. Je ne sais qu'une chose, c'est que je ne me mettrai pas à genoux. Je reçois un nouveau coup en plein visage. Tout devient noir. Sans savoir comment, je reste debout.

— Alors, salope, on essaie de sauver la peau de son petit cul ? On va se mettre à genoux gentiment ?

Le claquement sonore de la porte d'entrée nous fait sursauter. L'homme pivote d'un coup sur son fauteuil. Je profite de cet instant d'inattention pour le pousser violemment vers l'avant, dégageant la porte à l'instant où le Têtard apparaît sur le seuil. Le fauteuil le heurte de plein fouet, manquant le faire tomber tandis que je ramasse en hâte mon portable.

— Véra ! Qu'est-ce que vous faites là, bon Dieu ?

— J'appelle la police.

— Je suis la police.

Dans le fauteuil, l'homme a repris son immobilité de statue. Il se tient à l'affût, prêt à bondir. Le Têtard le met de côté à la manière d'un meuble, ôte doucement le portable de mes mains, ouvre mon sac pour le laisser tomber à l'intérieur.

— Il t'a frappée ? demande-t-il en examinant la grosse balafre sur mon visage.

Notez le « tu ». Je grince, les mâchoires serrées :

— Non, je me suis coupée en me rasant…

— Il est dingue, je sais.

— Je vais porter plainte, Thomas.

Je tremble de tous mes membres. Il veut me prendre dans ses bras mais je le repousse violemment et sors la tête haute, aveugle et sourde.

— Véra ! Attends-moi, j'arrive !

Il me suit. Je remarque qu'il n'a pas adressé un mot de reproche à son père, pas donné le moindre signe de surprise ou de colère. Rien. Et qu'il est entré avec sa clef.

Il me rattrape sous le porche au moment où j'ouvre la porte de l'immeuble. Il regarde mon poignet, pose ses lèvres sur la trace bleue et gonflée. Je retire violemment ma main, furieuse :

— Arrête !

— Je sais, Véra, je sais. Il faut que je le fasse enfermer.

— Je vais porter plainte, répété-je d'une voix plaintive.

La tension diminue peu à peu, me laissant pantelante. J'enrage de me sentir sur le point de pleurer. Je ne me reconnais pas.

— Je comprends, dit-il. Je suis désolé, c'est de ma faute.

— Pourquoi ne m'as-tu pas prévenue ?

— Je n'arrive pas à en parler. Ni à prendre une décision.

— Il… Il a gardé le fouet ! Tu te rends compte ? Tu lui as laissé le fouet !

— Je vais le lui enlever quand il dormira. Je ne voulais pas qu'il ameute les voisins.

Je ne sais plus quoi dire. Ses yeux profonds ont un éclat terne, lucide et tendre, qui me donne l'impression de pénétrer au port après la tempête. Cette fois, quand il passe ses bras de chaque côté de mes épaules pour m'attirer vers lui, je me laisse aller contre sa poitrine. J'ai le visage en feu, mal partout. Sa main caresse mes cheveux, je ne comprends rien à rien.

— Véra… commence-t-il.

Je lève la tête vers lui, sa bouche à quelques centimètres de la mienne.

— Quoi ?

— …

Il semble chercher ses mots dans une besace enfouie au fond de sa tête. Je m'écarte d'un millimètre, le millimètre qui change tout.

— Il faut que je trouve une pharmacie. J'ai mal, je n'ai pas envie de rester défigurée pendant des semaines.

— J'ai quelque chose dans la voiture.

Le moment est passé, nos corps se décrochent en douceur, nous sortons dans la chaleur de l'après-midi. Au fond, il vaut mieux.

Qu'on ne se méprenne pas. J'ai été très choyée, petite. J'ai reçu beaucoup de baisers. Ma mère m'embrassait tout le temps, j'étais même celle qu'elle embrassait le plus. Elle m'embrassait et elle pleurait. Je sentais ses larmes chaudes, les sanglots qu'elle étouffait dans sa poitrine, je me laissais faire, éperdue d'amour pour ma mère, honteuse de lui causer tant de chagrin, misérable. Depuis, je n'aime pas tellement qu'on m'embrasse.

Nous sommes dans sa voiture. Le Têtard sort de sa boîte à gants une pommade qu'il tient à m'appliquer lui-même sur le visage.

— Tu vas bosser ou tu veux qu'on mange un morceau ?

Je l'observe une seconde, ahurie, avant de glapir, un brin mégère :

— On va faire comme si de rien n'était ? Tu ne me demandes pas ce que je fabriquais chez toi ?

— Je m'en doute.

— Ah ouais ?

— Bien sûr. Tu es venue rapporter les disquettes de Belmont…

Comme amant je ne peux jurer de rien, mais comme flic, il connaît son métier.

— Oh ! je ne m'attendais pas à te voir aujourd'hui, précise-t-il. J'étais juste passé apporter des courses à mon père.

— Mais…

— Mais rien. Je savais que tu rendrais ces disquettes et que tu ne me les enverrais pas par la poste. Je m'attendais à les trouver sur mon bureau un jour ou l'autre, ou dans ma boîte aux lettres. Mais pas chez moi. Non. Ça, je ne m'y attendais vraiment pas.

Nous restons un moment silencieux, fixant le désordre de la rue Saint-Jacques au-delà du pare-brise.

— Il faut que j'y aille, annoncé-je soudain. J'ai un rendez-vous au Centre.

— Annule.

Pour toute réponse, je hausse les épaules. Il me raccompagne jusqu'à ma voiture. Au moment où je mets le contact, je me crois obligée de lui rappeler, par la vitre baissée :

— Je vais quand même porter plainte, tu sais…

— A ta place, je ferais la même chose.

Ça n'a pas l'air de le troubler plus que cela. Je me demande si ce n'est pas ce qu'il attend depuis toujours. Que son père soit interné d'office sans qu'il ait besoin de s'impliquer. Mon Têtard attend peut-être une princesse qui le délivrera du mauvais sort. Le crapaud deviendra un prince et nous aurons beaucoup d'enfants.

Paul Belmont et Manuel m'attendent depuis un bon quart d'heure mais je suis en état de grâce, on me pardonne tout. Michèle, la standardiste de jour, m'apporte un café par pure sollicitude. Du jamais vu dans les annales syndicales du Centre. Je souris à Manuel :

— Alors ? Je t'avais bien dit que ton papa viendrait si je le lui demandais…

Son regard noir commence par me sonder, puis il consent à me rendre mon sourire. Ce n'est pas le grand beau mais on progresse. Je l'installe avec des feutres dans la salle de réunion avant de m'enfermer dans mon bureau avec son père.

— Monsieur Belmont, commencé-je, étiez-vous d'accord avec votre femme pour adopter Manuel ?

— Evidemment !

— Je me doute bien qu'il n'a pas été adopté contre votre gré mais j'aurais voulu savoir ce que vous ressentiez vraiment à l'époque. Après tout, vous prépariez des élections très importantes. Aviez-vous envie d'un autre enfant à ce moment-là ?

— Moi ? Personnellement ?

— Cela ne sortira pas de ces murs, je vous le garantis.

— Eh bien… non. Je n'avais aucun désir d'adopter un enfant. L'idée de remplacer ma petite fille me faisait horreur. La D.D.A.S.S. avait rejeté notre dossier, faisant preuve d'une grande sagesse. Ils m'avaient percé à jour. Pour Céline… Je ne sais pas. Nous… Nous ne nous adressions quasiment plus la parole. C'était devenu un zombie.

Carré dans le petit fauteuil de l'autre côté de mon bureau, son costume sombre se découpant nettement sur le vert de la pelouse, il pose sur moi des yeux usés de fatigue, se confiant comme on se repose après un long voyage, fourbu mais serein. Il découvre qu'il est au fond plus simple de ne pas mentir.

— Céline savait donc que vous ne vouliez pas de cet enfant ?

— Oh ! oui. La première fois qu'elle a parlé d'adoption, j'ai… disjoncté. L'idée qu'elle veuille remplacer Marie ! L'idée d'un autre gosse jouant avec les affaires de Marie, sautant dans la piscine à sa place, faisant du vélo dans le jardin. C'était insupportable.

— Et ?…

— Elle s'est murée dans sa douleur, un peu plus chaque jour.

— Beaucoup de médicaments ?

— Pas mal. Je croyais que cela suffirait… Au bout d'un moment, quand j'ai constaté que nous coulions tous les deux, j'ai reparlé de l'adoption. C'était la dernière bouée à laquelle je pouvais me raccrocher.

— C'est vous qui avez effectué les démarches à l'étranger ?

— Oui. J'ai fait tout ce qui était légalement possible.

— En souhaitant que cela ne marche pas ?

— Exactement.

Silence. Et puis :

— Malheureusement, je suis un homme très efficace. Ça a marché. Je me suis alors dit qu'un pauvre gosse qui n'a connu que la misère serait toujours plus heureux chez nous — même si je ne parvenais pas à l'aimer — que dans un orphelinat. Il irait dans une bonne école, ferait du sport, choisirait une vie plus intéressante… Je… je n'ai jamais imaginé… qu'au contraire… ce serait pire. Vous vous rendez compte ? Pire que tout !

— Vous regrettez d'avoir réussi ?

— Je regrette que Manuel soit tombé sur nous. Il méritait mieux.

— Votre femme l'aimait, pourtant…

— Beaucoup. Son erreur a été de croire qu'il remplacerait Marie, qu'il boucherait le vide dans la maison.

— Mais le vide est resté…

— Oui. Manuel… Comment dire ? C'est comme s'il

avait créé une place qui n'existait pas auparavant, un espace pour lui-même. Il nous a laissés seuls avec le deuil de Marie.

— Vous parliez d'elle devant lui ?

— Jamais.

— Mais il est au courant.

— Je ne sais pas comment. Honnêtement.

— Et vous parliez de sa famille à lui ? Du massacre ?

— Bien sûr que non ! D'ailleurs, il n'en a aucun souvenir. Sa mère l'a caché quand les agresseurs sont arrivés à la ferme… Il n'a pas assisté au massacre à proprement parler. Il n'a rien vu.

Je le regarde, me demandant comment il peut demeurer aussi sympathique alors qu'il me débite des âneries au kilomètre. Je le sens démuni, solitaire, n'attendant d'aide de personne.

— Vous pensez vraiment ce que vous dites ? insisté-je. Qu'il n'a rien vu ? Qu'il n'a pas compris ?

Il hausse les épaules.

— … Le rapport de police indique qu'on l'a retrouvé dans un carton, endormi. Il avait deux ans à peine…

— Moi, je crois que Manuel vit encore dans sa ferme, monsieur Belmont. Et il attend qu'ils reviennent…

— Qui donc ?

— Ceux qui le tueront.

Le chauffeur patiente dehors, appuyé contre la Safrane bronze, mais je ne m'attarde pas à leur faire coucou par la fenêtre. Je me précipite aux toilettes. La marque violacée qui zèbre mon poignet a complètement disparu et j'ai hâte de voir s'il en est de même pour la balafre en travers de ma figure. Normalement, Manuel aurait dû poser des questions et Belmont m'adresser des regards curieux mais ils ont semblé ne rien remarquer d'anormal. En effet, grâce à la pommade du Têtard, toute trace de coups a disparu.

Le point positif c'est que j'échappe ainsi aux interrogatoires de la horde qui, si elle soupçonnait mon métier d'être dangereux, me harcèlerait sans répit jusqu'à ce que j'abandonne. En contrepartie, n'ayant pas fait établir de certificat médical, je sais que ma plainte sera désormais traitée avec des pincettes. Certes, on prêtera une oreille courtoise au récit de mon agression, mais guère plus. Par-dessus le marché, si mon agresseur se révèle être le géniteur d'un capitaine, il deviendra urgent de ne rien faire.

Plus inquiétant demeure le troisième point : le Têtard garde cette fameuse pommade dans sa boîte à gants, autrement dit à portée de main. C'est donc qu'il en a l'usage… Pire, il n'a pas eu un geste pour récupérer le fouet, pas un mouvement de surprise, pas un reproche… Réaction classique. N'importe quelle solution provisoire vaut mieux que d'envoyer quelqu'un qu'on a aimé, tant aimé, à l'asile.

Je retourne m'asseoir devant mon bureau, un tantinet découragée. Je me suis plantée sur toute la ligne. Belmont n'est pas complice du meurtre de sa fille. Il porte cette mort, avec celle de sa femme, comme une croix. Seul. Il s'exprime avec les accents éteints de ceux qui côtoient tous les jours l'enfer et qui y sont habitués. Je ne pense pas qu'il éprouve jamais de l'amour pour Manuel, ni même de l'affection. Bizarrement, il me vient à son sujet des images d'oued en été. Un lit de cailloux là où coulait, autrefois, une rivière.

— Entrez !

Sheila passe la tête dans l'embrasure de la porte. La

journée s'achève, le service de nuit vient de se mettre en place.

— C'est à toi, ça ?

Elle tient entre deux doigts un stylo en or à l'aspect massif des objets de grand luxe. Pas le genre de truc qu'on voit souvent au Centre.

— C'est à M. Belmont, dis-je. Je le lui rendrai la prochaine fois que je le verrai.

Paul Belmont l'a prêté à Manuel qui se plaignait de ne pas pouvoir tracer de lignes assez fines. Que l'enfant l'ait oublié au milieu de mes feutres pourris, cela se comprend. Mais Belmont ? Cet objet est-il le symbole de quelque chose dont il veut se débarrasser ou m'indique-t-il simplement qu'il ne m'a pas tout dit ? Sans doute les deux à la fois.

Dehors les ombres s'allongent, de petits nuages s'effilochent gentiment. L'herbe frémit, les oiseaux piaillent, mais la paix à laquelle j'aspire me fuit.

Le visage d'Hélène apparaît de l'autre côté de la fenêtre, dans le jardin. Elle me sourit.

— Tu prends racine ou quoi ? Tu n'es pas de garde aujourd'hui.

— J'ai pas mal de travail en retard…

— Véra… N'en fais pas trop.

— Je fais attention, je t'assure.

Détendue, en contrôle.

— Tu sais, dans ce métier, il faut défendre sa peau sinon on ne sert plus à rien.

— Ne t'inquiète pas, tout va bien.

Et si je ne voulais pas sauver ma peau, justement ? Et si c'était exactement le contraire ? Et si ma propre existence ne m'intéressait plus, au point que je puisse désormais la risquer tous les jours ?

Que sait-elle de la vie des gens comme moi ?

— Regarde qui arrive, annoncé-je pensivement.

Je fixe un point derrière elle, une voiture qui se gare à côté de la sienne.

— Tu le connais ?

Immobiles dans la lumière du soir, nous regardons le gros homme aux bacchantes blanches avancer dans notre direction.

— C'est le lieutenant Marcioni. Il n'est jamais venu ici ?

— Je ne crois pas. Il pourrait prendre le chemin au lieu de piétiner la pelouse.

— Le lieutenant tient sans doute à nous montrer qu'il se moque des règlements.

— Inquiétant pour un flic.

— Plutôt.

— Bonsoir docteur ! lance Marcioni de loin.

— Bonsoir, lieutenant, fais-je, affable. Qu'est-ce qui nous vaut l'honneur de votre visite ?

— J'enquête sur la disparition de Jennifer Barbet.

— Sur quoi ? s'écrie Hélène.

Sur le coup, j'avoue que je ne suis pas fâchée de la voir blêmir. Pour une fois que je ne joue pas l'hystérique de service. La violence de sa réaction déstabilise Marcioni qui prend brusquement conscience que nous n'allons peut-être pas nous comporter comme s'il venait nous vendre de la lessive.

— Jennifer a disparu depuis deux jours, explique-t-il en adoptant une mine de circonstance, mais ses parents ne se sont décidés à porter plainte que ce matin. Ils croient à une fugue et vous soupçonnent de l'héberger.

— Personne ne l'a vue depuis que son père est venu la chercher sur les bons conseils de votre commissariat, rétorque Hélène d'une voix âpre.

— Je n'y suis pour rien, madame, plaide Marcioni.

— « Docteur », s'il vous plaît. On vous appelle par

votre titre, j'aimerais que vous en fassiez autant pour nous.

Très susceptible sur le choix des termes, Hélène. En guerre contre le chaos. Ce qui ne m'empêche pas de lui rappeler la promesse qu'elle m'avait faite :

— Je croyais qu'Etienne était passé la voir ! Tu avais bien dit qu'il s'en occuperait...

— Ses parents ne l'ont pas laissé entrer. Ils ont prétendu qu'elle refusait de venir lui parler.

— Il fallait me le dire !

— Et qu'est-ce que tu aurais fait de plus ?

— J'aurais trouvé quelque chose, merde ! Vous n'avez pas rappelé la D.D.A.S.S. à la suite de ça ?

— Bien sûr que si ! Ils nous ont appris qu'elle avait retiré sa plainte, ce qui rendait la procédure compliquée...

— Elle a retiré sa plainte ? répété-je, assommée.

— Alors quoi ? interrompt Marcioni. Pour vous, ce n'est pas une fugue ?

— Certainement pas !

— Attends, tu vas peut-être un peu vite, intervient Hélène, prête à se raccrocher à n'importe quoi.

Je suis sur le point de lui hurler au visage que tout est de sa faute mais je me retiens. Au lieu de ça, je décrète avec une autorité glacée :

— Jennifer n'est pas en état d'accomplir une action aussi organisée et compliquée qu'une fugue.

— Moi je pense surtout qu'avec tous ses pansements sur la figure, on l'aurait remarquée, déclare Marcioni. Or personne ne l'a aperçue dans son quartier.

Je sens que je vais mordre.

— Pourquoi posez-vous la question si vous connaissez la réponse ?

Hélène me lance un regard perçant mais s'adresse

directement à Marcioni comme si son instinct l'avait prévenue que je risquais de lui coller une baffe.

— Ma collègue a raison. Jennifer n'est pas en état de fuguer. A la limite, si elle avait pu l'envisager, elle aurait abandonné les automutilations. Vous comprenez ?

— Ouais… Vous voulez dire que c'est la fugue ou les automutilations mais pas les deux.

— Pas dans son cas.

Il nous observe en dansant d'un pied sur l'autre.

— Eh bien, commence-t-il de son air le plus bourru, pour dire la vérité, j'ai l'impression que son violeur lui a remis la main dessus…

— Et vous pensiez le trouver ici ? ironise Hélène.

— Non, répond-il sans s'émouvoir. Je cherche qui a donné votre adresse au père de Jennifer.

— Mais c'est quelqu'un du commissariat ! Quelqu'un de chez vous !

— Justement, je voudrais bien savoir qui. C'est la raison de ma visite. Vous allez tout me raconter en détail…

Quel jeu joue Marcioni en prétendant enquêter sur une personne du commissariat ? Cherche-t-il à déterminer ce que nous savons exactement ?

J'émets une dernière suggestion avant de les quitter :

— Et si elle était séquestrée par sa famille ?

— C'est une hypothèse que nous prenons très au sérieux, affirme Marcioni.

Son vrai témoin, la personne qu'il désire interroger sérieusement, c'est Hélène. Grand bien lui fasse, elle ne lui apprendra rien de plus. Ils s'éloignent pendant que je rassemble mes affaires, range mes dossiers, saisis mon sac, dans un état de fébrilité proche de l'affolement. Si je croisais un collègue, il serait instantanément convaincu que je dois changer de métier. D'ailleurs, il n'aurait pas tout à fait tort.

Le téléphone me coupe dans mon élan :

— C'est ta mère, Véra, fait la voix de Sheila.

— Ma mère ?

— En tout cas, une personne qui prétend être ta mère…

Clic.

— Allô, Véra ?

— Maman ? Comment tu as eu le numéro ?

— Tu crois que j'allais attendre les bras croisés que tu te décides à me le donner ?

En effet. Quelle drôle d'idée.

— Qu'est-ce qui se passe, maman ?

— Je voudrais savoir à quelle heure tu comptes arriver ?

— Arriver ?

— Pour mettre mes gigots au four. Tu me diras qu'on s'en fiche de l'heure à laquelle tu arrives mais moi, je ne m'en fiche pas. Tu n'as que la peau sur les os, ma fille.

Un fluide glacial descend lentement le long de ma nuque : j'ai oublié l'anniversaire d'Alexis.

17

En théorie, j'aime bien les anniversaires, et pas seulement le mien. En pratique, ils reviennent un peu trop souvent. On ne sait plus où donner de la tête et certains mois, ça tourne au cauchemar. Pour peu qu'un copain ait la mauvaise idée de naître lui aussi, on se demande comment on va payer le loyer le mois prochain. Sans être radin.

Le gros défaut d'Alexis, qui serait presque mon frère préféré, c'est d'être né le même mois que Linda, Théo et deux ou trois de mes neveux. En haut de mon placard, ma réserve est à sec. J'ai beau thésauriser au fil des expositions, des concerts, des promenades, tous les objets, livres, disques dont je pense qu'ils plairont à tel ou telle, il arrive toujours un moment où je me retrouve démunie. Pour compliquer les choses, Alexis n'est pas un type facile question cadeaux. Il ne s'intéresse à rien en dehors de son boulot et possède tous les gadgets dont puisse rêver un célibataire parisien en cette fin de siècle. On l'aura sans doute deviné, l'argent n'est pas son problème. Il travaille pour un important agent de change américain et, à part gagner des sommes astronomiques, il n'a de temps pour rien ni pour personne.

C'est même étonnant qu'il puisse assister à son propre anniversaire.

Quand j'arrive chez mes parents, en retard et les mains vides, une partie de l'assistance est déjà rassemblée : Karine et Nathan avec leurs ados, Gilles et sa femme Cri-Cri, Didier et Tina, ainsi que Maxence, Rosemarie et leurs trois petits, en pyjama dès le retour de l'école pour dégager le terrain.

— On n'attend plus qu'Alexis et Linda, annonce ma mère en m'embrassant sous le crucifix de l'entrée. Vous m'embêtez, les célibataires ! Pas moyen de vous avoir à l'heure !

Le salon de mes parents a toujours été laid mais, au fil du temps, il est devenu confortable. Petits, nous circulions avec contrainte dans du faux Henri III importé de Lisbonne, des meubles auxquels notre mère était très attachée parce qu'ils faisaient partie de son trousseau de mariage. Sa famille n'avait pas lésiné, rien que du noyer massif, fabrication de qualité supérieure, inusable. Pourtant, au fil des ans, les digues de la bienséance portugaise des années cinquante ont rompu. D'énormes canapés, hideux mais profonds, ont fait leur apparition, ainsi qu'une large table basse sur laquelle on peut poser autant de plateaux d'apéritifs que nécessaire. Je me fraie donc un passage dans cet univers hétéroclite bourdonnant d'activité, et salue les corps vautrés, assis ou même couchés des autres membres de la famille.

Le coin près de la fenêtre, celui où d'habitude mes parents jouent au Scrabble, est occupé par les jumeaux en pleine partie d'échecs, le bruit et la confusion ayant toujours été propices à leur concentration. Inutile de dire que leurs épouses, qui feuillettent des magazines dans leur fauteuil, jambes croisées, dos droit, regrettent amèrement de ne pas être restées chez elles pour regarder la télé. Hélas, les soirs de réunion de famille (c'est-à-dire souvent), ma mère refuse catégoriquement le secours du petit écran sous prétexte que nous sommes supposés nous parler.

— Salut, les filles !

— Bonjour, Véra.

Didier m'appelle du fond de la pièce :

— Hé, Véra ! Il y a un mec qui est venu te voir au resto ce matin…

— Quel genre ?

— Une cinquantaine d'années, répond-il, absorbé par l'échiquier. Des yeux bleus, tout rose, tout propre.

— Propre ?

— Hanhan. Tu le vois, tu te dis, c'est un homme bien propre.

Didier a toujours été spécial. En maternelle, la maîtresse avait convoqué mes parents.

— Qu'est-ce que tu lui as dit ?

— Tu penses bien que je ne lui ai pas fait de confidences. Que je ne te voyais pas souvent, que je ne savais même pas où tu bossais…

Une habitude, datant du lycée, interdit que l'on fournisse à des tiers quelque renseignement que ce soit. Personne n'est jamais au courant de rien, c'est plus sûr.

Blottie dans un canapé, ses pieds nus repliés sous ses fesses, Karine recopie une recette. Elle se laisse embrasser distraitement. Quant à Nathan, son mari, il est au téléphone. Renonçant à capter leur attention, je m'installe avec mes belles-sœurs :

— Alors Cri-Cri, le garage, ça marche ? Beaucoup de clients en ce moment ?

— Je touche du bois, le carnet de rendez-vous est plein jusqu'à la rentrée. On va pouvoir se payer la piscine…

Cri-Cri, bien trop sympa, se laisse exploiter par son

mari dont elle assure toute la comptabilité, gratuitement et sans reconnaissance aucune, vérifiant par là le vieil adage : le prolétaire d'un prolétaire est toujours sa femme.

— Et toi ? interrompt Tina, sans lever les yeux de son magazine, beaucoup de tarés ?

— Et le resto ? Beaucoup de goinfres ? rétorqué-je avec l'accent d'une indécrottable gaieté.

— Assez pour avoir envie de rester chez moi le jour de fermeture…

Sous-entendu : au lieu d'être ici. Didier est marié depuis dix-neuf ans et Tina n'a jamais cessé de faire la gueule. Ce doit être génétique.

Tel le torero entrant dans l'arène, Karine intervient :

— Alors, qu'est-ce que vous décidez pour Mélanie ? Elle se fait refaire les seins finalement ?

— Elle hésite encore mais c'est presque décidé.

— Cette petite a toujours eu un problème d'image corporelle, décrète sentencieusement Karine. Il faudrait régler ça d'abord…

Je manque m'évanouir. Si mes sœurs se mettent à la psychologie, nous sommes perdus, tous autant que nous sommes. En attendant, Tina s'est raidie. Ses yeux lancent des éclairs :

— Quand on ne s'occupe pas de ses gosses, lance-t-elle, on ne critique pas les autres.

— Attends, moi je ne m'occupe pas de mes gosses ? répète Karine, goguenarde. D'où tu sors ça ?

— On ne peut pas dire que tu te comportes en mère de famille ces temps-ci…

Karine blêmit sous son fond de teint ambré.

— Ce qui veut dire ?

Ça dérape sec. Cette gourde de Tina vient de nous placer sur un toboggan et nous glissons à grande vitesse vers un désastre. Fait intéressant, je ne suis donc pas la seule à connaître l'existence de Boucles d'or. Et si ça commence à faire le tour de la fratrie, c'est que Karine prend de moins en moins de précautions. Serait-elle amoureuse ?

Je lance à la cantonade, histoire de changer de sujet :

— Personne ne m'a vue à la télé ?

Si ce n'est pas du dévouement pur, quoi d'autre ? On en est à mon look de livreur, sujet agréable entre tous, quand Alexis arrive. Il a croisé Linda dans l'ascenseur, nous sommes au complet.

En trente-quatre ans d'existence, je n'ai jamais abordé un seul sujet sérieux avec Alexis mais tout fonctionne comme si nous avions notre propre longueur d'onde. C'est le chouchou de ma mère et de quelques-unes de mes sœurs, ce qui ne me dérange en rien. Elles le prennent pour un symbole de réussite sociale alors que je le trouve simplement marrant. Son mode de vie m'a toujours paru vain, son argent m'indiffère, et j'ai conservé assez de lucidité pour savoir qu'il fout sa vie en l'air. Loin de m'en vouloir, c'est ce qu'il apprécie chez moi. Quand j'avais mon cabinet, il m'envoyait plein de patients, tous solvables.

Son entrée achève de détendre l'atmosphère. Comme d'habitude, il apporte des cadeaux pour tout le monde, ce qui peut sembler curieux pour un homme dont c'est l'anniversaire.

— C'est quoi ce truc ? glousse Karine en acceptant un épilateur électronique qui vient de faire son apparition sur le marché américain. C'est cochon ?

— Ho hé ! lance Gilles depuis son échiquier, fais un peu attention s'il te plaît, il y a les gosses !

Alexis laisse tomber ses cent kilos à mes côtés.

— Tu vas péter le canapé des vieux, dis-je aimablement.

— Devine où je t'ai vue ?

— A la télé, mais dans un avion.

J'éclate de rire devant son air dépité.

— Pas étonnant que tu ne trouves pas de mec si on ne peut rien te cacher ! proteste-t-il. J'étais dans le jet privé de mon boss, je passais un coup de fil au-dessus du golfe Persique quand tout à coup, sur l'écran en face de moi, au milieu des news de C.N.N., qui vois-je ?... Qui vois-je ?

Ils l'écoutent, ravis de constater que même Alexis a été surpris.

— Véra-la-Verrue.

— On n'a pas sonné ? demande mon père qui débouche le champagne.

Cavalcade dans le couloir, les trois enfants de Rosemarie se ruent sur la porte, fous de joie, on se demande pourquoi, à l'idée d'accueillir un invité supplémentaire.

— C'est un monsieur pour Véra, annonce la petite voix de Judith.

Silence. Chez nous, le léger silence n'existe pas. Il ne peut être que de plomb. Ou de mort. Je n'y prends pas garde sur le coup. Ma flûte à champagne à la main, j'escalade quelques jambes, frôle des épaules et parviens à m'extraire de la masse dans laquelle je me sentais délicieusement engluée.

Le Têtard m'attend sur le seuil de l'appartement.

J'émets une sorte de bêlement inquisiteur :

— Qu'est-ce que tu fais là ?

Il s'approche de moi et, spontanément, me prend dans ses bras :

— Véra ! Ce que je suis content...

Nous sommes aussi proches, aussi intimes que dans

sa voiture quelques heures auparavant. Il donne l'impression d'être venu achever quelque chose qui a commencé à ce moment-là et contre lequel je ne peux plus lutter.

Je me laisse aller contre lui, la tête vide, mon corps assoiffé de chaleur, de peau et d'homme. Je ne comprends pas ce qui m'arrive. Je ne peux pas m'en empêcher.

— Qu'est-ce qui se passe ? demandé-je enfin en levant la tête vers lui. Il y a un problème ?

Je souris malgré moi.

Il paraît sur le point de répondre, me serre un peu plus fort, et m'embrasse.

Tout y est comme dans les livres, la douceur, le plaisir, les jambes molles, la montée du désir. Dans mon dos, vingt-cinq périscopes épient la scène. Installée aux premières loges, ma famille, au demeurant invisible, n'en perd pas une miette.

J'abrège.

— Hum… Tu voulais quelque chose ?

— Non… Rien, rien du tout… Tu es là, c'est bien.

— C'est l'anniversaire de mon frère…

— Je sais. Excuse-moi. Il faut que je m'en aille…

Une seconde plus tard, il a disparu.

A mon retour au salon, tous les Cabral piquent du nez dans leurs verres. Ils prétendent se parler à mi-voix, se raclent la gorge, toussotent, non que leur propre indiscrétion les gêne le moins du monde mais parce que c'est un homme et que c'est moi. Quel mec pourrait avoir envie de Véra ? Un pervers ? Un inconscient ? Après tout, je n'ai pas été opérée.

Je devine ce qu'ils pensent. Ça me chagrine, m'agace, mais je remets le problème à plus tard, trop occupée par la nouveauté des sensations qui m'envahissent. Toute la soirée je me sens planer très haut, dans un espace cotonneux de bonheur sans nuages. Le choc de mon désir brutal pour cet homme m'occupe à tel point que je ne me soucie pas du motif de sa visite.

Je pars la première, tout de suite après le dessert. On ne me retient pas. Au contraire, ils ont hâte de me voir disparaîtrc pour pouvoir enfin discuter de mon cas. Le sujet mérite d'être exploré sans retard, les belles-sœurs ne bâillent plus, l'anniversaire d'Alexis restera dans les annales.

Il a plu, du macadam monte une odeur tiède et rance. En approchant de ma voiture, je m'aperçois que j'ai oublié de remonter la vitre de ma portière avant. Mon siège est trempé mais ce n'est pas ce qui me frappe en premier. D'abord, je remarque la cravache. Noire. En cuir tressé. Professionnelle. Je saisis la chose entre le pouce et l'index avant de regarder autour de moi, sondant la rue quasiment déserte. Les voitures défilent, m'éclairant brièvement de leurs phares. Avec un frisson, je me rappelle que les travaux sur l'autoroute dégageaient une telle poussière qu'à aucun moment je n'ai baissé ma vitre. Quelqu'un a déposé la cravache dans ma voiture sans laisser la moindre trace d'effraction, laissant ostensiblement la vitre ouverte après son passage. Une manière d'avertissement.

Je jette rageusement l'objet dans le caniveau, essuie mon siège à grand renfort de Kleenex, m'installe au volant et sors mon portable. Mon cœur bat douloureusement. Plusieurs hypothèses me viennent à l'esprit dont aucune ne mérite d'être retenue. Le père du Têtard constitue un premier suspect mais il est infirme et n'aurait pas pu se déplacer jusqu'ici, à moins de bénéficier de l'aide de son fils. L'idée me paraît invraisemblable et pas seulement parce que le Têtard était très occupé à m'embrasser dans l'entrée de l'appartement familial.

La voix de ma mère au bout du fil interrompt mes réflexions. Je lui demande de me passer Didier.

— Ouais ?

— Dis donc, le type qui me cherchait au resto ce matin, c'était pas le même que celui qui est passé chez les vieux ?

— Je ne l'ai pas bien regardé, commence-t-il hypocritement, mais non. Ce n'était pas du tout le même mec.

— Il n'a pas de cheveux blancs coupés très court ? En brosse ? Genre légionnaire sur le retour ?

Après tout, le père du Têtard n'est peut-être pas aussi handicapé qu'il en a l'air. Il quitte peut-être son fauteuil sans que son fils le sache…

— Non plus, répond Didier. Le mien était chauve sur le dessus du crâne avec une couronne de cheveux autour de la tête, un petit pneu autour de la taille, très soigné, tu vois ce que je veux dire ? Presque trop.

Personne ne correspond à ce portrait parmi mes collègues ou mes patients. Je le remercie mais avant de raccrocher, il me lance :

— Si tu as besoin d'aide, tu siffles, O.K. ?

Ce ton protecteur n'a rien pour me surprendre car les Cabral sont obnubilés par la santé et la sécurité de leurs proches, à défaut de la leur. Jamais ils ne prêteront leur voiture sans avoir fait vérifier les freins et la pression des pneus, l'idée sous-jacente étant évidemment qu'ils protègent un attardé mental doublé d'un danger public.

Quel est donc ce troisième homme ?

Je patauge, me sentant fragile, vulnérable, déçue aussi. Atrocement déçue. Il existe forcément un lien entre la présence du Têtard chez mes parents et cet incident étrange. Il a paru soulagé de me voir, comme s'il m'avait cherchée. Pourquoi ? Comment savait-il où je me trouvais ? Est-ce qu'il me fait suivre ? Il devient assez clair que le baiser n'a été qu'un moyen commode d'éviter les questions. Dans quel monde je vis pour y avoir cru un seul instant ? Dans quel rêve rose de midinette débile ?

Je prends une douche brûlante, enfile un short et un débardeur en acrylique très échancré, façon footballeur de banlieue. Le Sacré-Cœur éclaire de tous ses feux le ciel d'un noir mat. Le monde a pris une teinte de suie.

Je glisse la cassette dérobée au Têtard dans la fente de mon magnétoscope. Un peu de neige et puis un visage de femme sur l'écran, brune, avec une peau laiteuse et des yeux bleus. Elle semble originaire d'Europe de l'Est, environ trente-cinq ans, des faux cils, une bouche rouge brillante. Pas d'une beauté fracassante mais sexy. D'une voix artificielle (sans doute pas la sienne), elle souhaite au spectateur la bienvenue au Club des Jardinières. Elle lui recommande de prendre quelques précautions avant de visionner cette cassette, de s'assurer qu'il est seul ou en compagnie d'un « public à l'esprit ouvert ». Il doit comprendre qu'une censure réactionnaire oblige les Jardinières à se montrer discrètes. Après avoir prononcé son discours d'une voix monocorde, elle disparaît, suivie par d'autres demoiselles dans son genre qui vantent dans des termes quasiment identiques les mérites du club. Elles se présentent comme les gardiennes d'un culte de l'Extrême faisant l'objet de lois répressives iniques. Comme me l'a indiqué l'ex-femme de Touchet, l'une d'elles se contente de pleurer en silence en fixant l'objectif. Au bout de vingt minutes, si on n'est pas encore endormi, on est prêt à jurer que cette bande ne contient strictement rien d'intéressant.

Soudain, après un petit coup de neige censé représenter la fin de la cassette, on passe aux choses sérieuses. Un montage bout à bout de scènes filmées par des amateurs, un échantillon d'horreur destiné à donner un avant-goût de l'enfer à toute personne normalement constituée. Des images horribles, glaçantes, d'êtres humains ligotés, enchaînés, torturés, humiliés, réduits à l'état de larve et, pire que tout, jouissant de l'être.

Bien que tout cela ait pour moi un côté déjà vu, répertorié au chapitre des perversions sexuelles, j'ai rapidement la nausée. Je dois m'accrocher à mes réflexes professionnels les mieux ancrés pour ne pas hurler qu'il faut foutre tout ce monde en cabane, cellules capitonnées, électrochocs, doses massives de neuroleptiques et camisoles chimiques.

Pendant ce temps, les Jardinières, toutes identiques en perruque brune, veillent au déroulement harmonieux des opérations. On les aperçoit au second plan, furtivement, donnant un petit coup de main pour éponger le sang, la merde ou la pisse des créatures torturées ; hiératiques, aveugles, plus proches du rôle de grandes prêtresses que de servantes ou maîtresses. Il n'y a pas d'autres femmes sur l'écran, l'essentiel de la clientèle restant masculine.

Je remarque beaucoup de cravaches dans le style de celle que j'ai découverte dans ma voiture. Même couleur, même taille, même forme, même tressage du cuir. Quelques fouets aussi, des faux, fabriqués pour les sex-shops, ainsi que des vrais. J'en tire la conclusion qui selon moi s'impose : le père du Têtard appartient — ou a appartenu — à ce club. De là à me demander si le Têtard n'en fait pas partie lui aussi, il n'y a qu'un pas que je franchis avec un sentiment de tristesse, mêlé d'un je-ne-sais-quoi de fataliste. Au fond, qu'y a-t-il d'étonnant à ce que je tombe sur un pervers ?

Vautrée dans une douillette petite flaque d'auto-apitoiement, j'entends la sonnerie de l'interphone résonner dans l'entrée. Minute papillon, de thé noir en thé noir, quelle heure est-il ? A peine deux heures du matin. Sortant de chez mes parents où la petite fête s'est prolongée comme d'habitude, Alexis sollicite l'honneur de monter prendre un dernier verre.

Ses cent kilos habillés sur mesure et son beau visage bouffi de graisse sont bientôt devant moi. J'ai un petit serrement de cœur en me souvenant de l'adolescent mince et bronzé qui crapahutait avec moi, pendant les vacances d'été, dans les maquis de l'Algarve où habitait notre grand-mère. Le reste de l'année, nous vivions à Luanda où notre père était professeur au Lycée français. Un jour, les Blancs ont quitté Luanda. La plupart sont rentrés à Lisbonne mais mes parents, pour une raison encore obscure, ont choisi Paris.

— C'est Canal+ ou c'est une vidéo ? demande Alexis en se plantant devant l'écran.

Les yeux bandés, suspendu aux poignets par des menottes dont les clous pénètrent plus avant dans la chair à chaque sursaut, un homme se laisse enfoncer dans l'anus une épaisse chaîne de plusieurs mètres. D'un coup de télécommande, je fais disparaître l'image.

— Ne coupe pas, je voulais savoir où tu en étais justement...

J'éclate d'un rire nerveux :

— Mais, Alexis... Je ne regarde pas ça pour mon plaisir ! C'est professionnel...

Son coup d'œil me jauge comme si je n'étais plus

Véra-la-Verrue mais un humanoïde de plus. Malgré moi, je me sens tout à coup sur mes gardes. Qu'est-ce qu'Alexis vient fabriquer ici à cette heure indue ?

— A moi, tu peux dire la vérité, lâche-t-il en s'asseyant d'un air résigné.

— Mais de quoi tu parles ? J'ai piqué ça chez un patient !

La petite lueur d'amour et de gaieté réapparaît au fond de ses yeux.

— Tu l'as piquée ? Je te jure, les gens qui tombent sur toi, Véra… Ils auraient mieux fait de se casser une jambe !

— Tu te trompes complètement, rétorqué-je, vexée. Il m'arrive d'être très utile.

— En tout cas, tu ne manques pas d'idées ! Mais dis-moi, ajoute-t-il en examinant mes meubles d'un air navré, je n'ai pas l'impression que tu gagnes très bien ta vie. Si tu étais un de mes clients, j'en déduirais que tes actions sont en baisse.

— Eh bien, mon vieux, c'est juste que nous n'avons pas les mêmes valeurs ! Ça ne se voit pas mais je m'éclate.

— Avec ce nouveau mec ?

Nous y voilà.

— Non, non… Lui, c'est…

— C'est le patient à qui tu as piqué la cassette ? Tu as l'air d'être assez intime avec lui pour pouvoir lui jouer un tour pareil…

Je me gratte la gorge.

— Oui et non.

Alexis garde le silence un moment. Je soutiens l'épreuve sans broncher. Tel que je le connais, il va m'en sortir une bien bonne.

— Je l'ai déjà vu, ce mec, déclare-t-il.

— Quel mec ?

— Ton soi-disant patient qui est en réalité un flic.
— C'est pour ça que tu es venu ? Pour m'avertir ?
— Exact.
— Tu peux y aller, je ne suis pas amoureuse de lui.
— Franchement, je l'espère.
— Alors ?
— …

Je m'impatiente :

— Vas-y, balance ! Qu'est-ce que tu veux que ça me fasse ? Ce type n'est rien pour moi.

— Tu sais, Véra… L'argent est un truc bizarre. Une fois que tu t'es payé tout ce dont tu avais toujours rêvé et même plus, tu te sens un peu con, un peu vide. Même si tu manges du caviar à tous les repas et que tu changes de vêtements trois fois par jour, tous les jours, il n'y a que trois cent soixante-cinq jours pour un seul corps.

— D'accord. Même riche à millions, un homme reste un homme.

— A peu près. Donc, il se fait rapidement chier. Il continue à aimer l'argent mais sans savoir exactement à quoi ça sert et c'est la question à dix balles qu'il ne veut surtout pas se poser. Il veut continuer à se marrer, à être envié, à jouir de cette merveilleuse image de soi-même que donne l'argent. Alors il cherche autre chose pour ne plus s'ennuyer. Un truc qui prouve à quel point il est spécial, au-dessus des autres… Quand on appartient à l'élite, on doit pouvoir se permettre des choses interdites au commun des mortels. Il faut se prouver qu'on est supérieur… Le cul est un de ces moyens-là.

Une main écrase mon cœur à le broyer. Je ne veux pas entendre que mon frère viole des enfants en Thaïlande, je ne veux pas savoir quel type dégueulasse il est devenu. Mais je ne tente pas de l'interrompre. Je lui dois au moins ça.

— Le truc que tu regardais… Je savais que ce n'était

pas Canal+. C'est la cassette démo du Club des Jardinières.

— Tu en fais partie ? croassé-je.

— Pas vraiment. Mais j'y suis allé une fois ou deux…

— …

— C'est… Beaucoup plus dur que ce qu'on voit sur la cassette… Sur la démo, ils te montrent juste les mecs consentants et… majeurs. A cause des flics. Il ne faut pas qu'on puisse prouver quoi que ce soit si jamais…

— Si jamais quoi ?

— Si jamais on retrouvait les corps.

— Ah. Tu veux dire des cadavres ?

Il a un petit rire triste.

— Comme tu dis, la Verrue, les cadavres. Ou ce qu'il en reste après qu'ils ont forcé des soumis à en manger le sexe ou à en boire le sang. Il n'y a pas de limites.

— C'est pour m'avertir que tu es venu ?

— Evidemment. J'ai reconnu le type qui est passé chez les parents tout à l'heure. Dieu sait que je ne suis pas bégueule mais quand je l'ai vu t'embrasser !

— Oui, bon. On ne s'est pas éternisés.

— Je ne me souviens plus de ce que cet homme faisait quand je l'ai rencontré, mais je sais avec qui il était. Tire-toi, ma vieille. N'approche pas. Ni de près, ni de loin.

— Mais… Et toi, Alexis ?

— Moi, c'est trop tard.

Le ton sur lequel il me dit cela. L'immobilité des bras, des jambes, des prunelles. La pesanteur de son être. La nuit épaisse et sale tissée autour de lui comme un cocon. Il se lève et se plante face à la fenêtre ouverte.

— Je suis foutu, Véra. J'ai été trop loin. Au début, c'est grisant. Tu fais des trucs interdits de plus en plus excitants, de plus en plus dégueulasses, c'est bon et c'est tout ce qui compte. Mais au fond, tu n'es pas différent des autres humains. Aucun de ces types n'est différent. Ils ont tous une famille qui les aime, qui les respecte, à qui il faut cacher la vérité. Il faut mentir, à jamais. Essayer de se supporter. Si je te disais que…

— Non !

J'ai crié malgré moi. Mon esprit clignote mécaniquement. Pas lui ! Pas lui ! Mon frère n'est pas un salaud ! Je ne veux pas savoir.

Son sourire ressemble à une grimace. Je bredouille, piteuse :

— Excuse-moi…

— Mais non. C'est toi qui as raison. C'est le prix à payer pour s'être cru mieux que tout le monde.

Sur le pas de la porte, il tente une nouvelle fois de me sourire.

— Fais attention à toi, la Verrue.

Il n'attend pas l'ascenseur et s'engouffre dans l'escalier de toute la masse de son corps obèse, comme s'il s'enfuyait.

18

— Non mais, attendez, qu'est-ce que je fais là, moi ?

Effarée, je regarde les C.R.S. prendre position autour de la M.J.C. aux vitres éclatées. Devant la porte, une barricade hérissée de slogans, à droite une voiture malchanceuse en flammes. Un crachin triste ainsi qu'un camion de France 3 Ile-de-France ramènent la scène à des dimensions provinciales. Malgré l'ardeur et la détermination des combattants, ça sent le chien mouillé. Le public clairsemé contourne l'obstacle en ronchonnant. Les jeunes des cités se révoltent une fois de plus, tout le monde s'en moque sauf les flics qui trompent leur ennui en jouant à la guerre.

— Qui a appelé le Centre ? demandé-je à la ronde.

— Le lieutenant Marcioni. Vous le trouverez derrière le car là-bas.

Je fonce dans cette direction, très remontée.

Deux nuits depuis la visite d'Alexis, passées dans la voiture, dans des cages d'escalier, à écouter des pleurs, des cris et des grincements de dents, m'escrimant à faire revenir un calme que je n'éprouve pas moi-même. Je me sens moite, fiévreuse comme avant la mousson.

J'attends que l'orage éclate, pétrifiée intérieurement, incapable de déterminer dans quoi j'ai mis les pieds.

Ce sera un été de plomb.

— Docteur Cabral ! grommelle Marcioni en me voyant charger. Content de vous voir…

— Lieutenant, pouvez-vous m'expliquer ce que je fais ici ?

— Eh bien… Nous espérons profiter de vos lumières pour mieux comprendre les problèmes des jeunes de banlieue…

— Ça ne me fait pas rire, lieutenant. Je ferai un rapport pour signaler cette convocation abusive du commissariat. Les psychiatres du C.I.P. ne sont pas au service de la police.

— A qui vous allez le faire, ce rapport ?

— A…

— Au capitaine Sedan, non ? Normal puisque c'est un copain… Entre copains, on se dit tout.

D'abord interloquée par la violence de l'attaque, je finis par comprendre :

— J'ai l'impression que vous avez quelque chose sur le cœur, lieutenant.

— En effet, reconnaît-il.

— Quelque chose à me reprocher ?

— Non. A vous confier.

Une minute de silence, le temps que je digère l'information.

— … Et vous avez eu besoin de faire croire à une intervention du C.I.P. pour me voir ?

— Ça se pourrait.

— Alors, c'est que c'est grave…

— On ne peut rien vous cacher.

Il me sonde, hésitant.

— J'ai l'impression que vous êtes quelqu'un d'honnête, docteur, déclare-t-il abruptement. Pas spécialement lucide, mais honnête. C'est rare de nos jours.

Je commence à me faire du mouron. Marcioni se poste à côté de moi avec de grands gestes en direction des manifestants comme s'il m'expliquait la situation. Je hoche la tête pour montrer que j'écoute.

— Rappelez-vous que vous n'êtes pas censée être au courant. Vos collègues du Centre non plus…

Je lui assure qu'il peut me faire confiance. La discrétion représente une part importante de mon fonds de commerce.

— Jennifer a été assassinée, lâche-t-il enfin.

Je me sens… choquée mais pas étonnée, pas vraiment. En fait, depuis qu'elle a disparu, je me suis préparée à cette éventualité.

Marcioni scrute mon visage.

— Vous le saviez, conclut-il, non sans amertume.

Il paraît écœuré, ce que je trouve étrange pour un vieux flic. Je croyais qu'à la manière des psys et de tous les éboueurs de la société, les flics se forgeaient une carapace. Du coup, je me crois obligée de préciser :

— J'en avais le pressentiment. Comment est-ce arrivé ?

— Elle est à la morgue, vous verrez bien.

— Vous avez arrêté quelqu'un ?

— Disons que le copain du père, le violeur, va porter le chapeau. Une belle ordure, d'ailleurs, on ne va pas pleurer sur son sort.

— Mais vous pensez que ce n'est pas lui.

— Elle avait retiré sa plainte, elle était en train de sombrer doucement dans la folie. Il pouvait dormir tranquille. Pourquoi aurait-il pris le risque de la tuer et de déclencher une enquête dont il serait forcément le principal suspect ? Je l'ai vu, le Roger. Je lui ai parlé quand ils l'ont amené au commissariat. Il a tout de suite reconnu le viol mais il nie le meurtre. J'ai l'impression qu'il est sincère.

Pourquoi me mêle-t-il à tout ça maintenant qu'il est trop tard ? Tout à coup, ces confidences me révoltent. Je sature. Je ne veux plus de toute cette merde.

— Qu'est-ce que vous attendez de moi ? Pourquoi mon opinion a-t-elle tant d'importance tout à coup ? C'est vous, les flics ! Je ne vois pas pourquoi je ferais le boulot à votre place…

Ses moustaches blanches piquent vers moi d'un air agressif, il me fixe durement :

— Je me suis trompé sur votre compte, lâche-t-il en tournant les talons. Vous n'êtes même pas honnête.

Après ça, je traîne encore un peu dans le coin, expérience humiliante car non seulement je ne sers à rien mais j'ai l'air assez stupide pour ne pas m'en apercevoir. Enfin, j'appelle le Centre pour prévenir que j'ai une course urgente à faire avant de rentrer.

— Ne vous pressez pas, ironise aigrement Sheila. Nous n'avons que sept appels en attente.

Pourquoi est-ce que je l'ai prévenue, celle-là ? Elle va rameuter tout le service, s'arranger pour que mes collègues s'interrogent une fois de plus sur mon compte.

— Bon, d'accord, concédé-je. J'arrive.

Mais c'est plus fort que moi. Un quart d'heure plus tard, je me gare devant la morgue.

Mon laissez-passer tricolore me permet d'entrer immédiatement en contact avec le légiste qui ne fait aucune difficulté pour me montrer le corps de Jennifer.

On sort d'un casier chromé une chose rouge et sanguinolente ressemblant de loin à une jeune fille un peu grosse et pas très belle, une adolescente malheureuse qui a essayé, une seule fois, de vivre.

Je repense à cette nuit où je l'ai rencontrée, au trajet quand je l'ai conduite au commissariat, sa confiance, son formidable espoir. Elle y avait cru, et moi aussi.

— Elle a été fouettée à mort, commente sombrement le légiste.

Il faut être sérieusement malade pour faire un truc pareil. Les marques noires de sang coagulé forment sur ses seins et ses cuisses une bouillie noirâtre. Le reste du corps n'a pas été épargné. Toute la peau a été arrachée à coups de fouet.

Une rage froide s'empare de moi. De deux choses l'une : ou Marcioni m'a envoyée ici pour me faire peur et me conseiller de me tenir à l'écart, ou il a voulu m'avertir de ce qui se trame dans les coulisses du département. Dans les deux cas, il arrive trop tard. Je suis déjà au courant et je n'ai absolument pas peur. Pardessus tout, j'ai rêvé pour Jennifer d'une vie meilleure. Je n'ai pas l'intention de la laisser tomber, plus maintenant.

La gorge nouée, j'adresse un adieu muet au petit visage bouffi au-dessus du corps supplicié et lui demande pardon. Là-dessus, je m'en vais sans un mot, laissant le légiste dans une grande perplexité à mon sujet.

Quel rôle joue Marcioni ? Pourquoi a-t-il pris le risque de trahir le silence exigé par sa hiérarchie ? De quel côté le situer ? En attendant d'en savoir davantage, je décide de rester sur mes gardes.

De retour au Centre, je peux m'allonger une heure avant d'aller négocier avec un vieux monsieur clochardisé, qui tire dans son plafond avec un fusil, prenant ses voisines pour des nazis qui lui enverraient des gaz mortels. Les malheureuses voisines, deux petites vieilles terrorisées, m'attendent, blotties dans la loge de la gardienne. Je mets deux bonnes heures à déloger le vieillard, et quand il accepte de monter dans le car des pompiers, l'aube se lève enfin.

Au Centre, Sheila vient de préparer un chocolat mousseux qui embaume à deux kilomètres. De qui veut-elle se faire bien voir ? Pas de moi, sans aucun doute.

— Mmm, Sheila, quelle bonne idée ! s'extasie Hélène en s'asseyant devant son bol.

— Faut bien reprendre des forces, vous ne vous arrêtez jamais ! Tenez, je suis sûre que vous êtes partie sans rien manger ce matin…

Ahurie, je contemple ma collègue en jupe beige et chemisier blanc, me demandant ce qui lui vaut un tel traitement de faveur.

— Goûte, Véra, me conseille-t-elle avec un sourire, ça te fera du bien, tu as l'air d'être passée sous un rouleau compresseur.

Je lui adresse un drôle de sourire en carton :

— C'est presque ça.

— Encore des ennuis ?

— Pourquoi aurais-je des ennuis et pourquoi encore ? Tout va bien.

Goguenarde, je soutiens son regard bleu. J'en ai pardessus la tête d'être prise pour une maladroite. Même si au fond ils ne le pensent pas vraiment, c'est un peu l'étiquette qu'ils cherchent à me coller sur le dos. Je sens bien que si les choses étaient un peu de ma faute cela arrangerait tout le monde.

J'entreprends de beurrer ma tartine avant d'annoncer calmement :

— Jennifer a été assassinée. Je suis passée à la morgue, c'est pas beau.

La nouvelle fait son petit effet. La casserole dans une main, Sheila ouvre et referme la bouche sans qu'aucun son n'en sorte, tandis qu'Hélène me fixe comme si je venais de lui assener un grand coup sur la tête. Je mâche mon pain avec application, un poil bovine.

— On l'a tuée ? Mais qui ? Son violeur ?

— Il y a plusieurs hypothèses.

— Ce qui veut dire ?

— Rien d'autre que ça. J'ai vu le lieutenant Marcioni, il ne croit pas à la culpabilité du violeur, c'est tout.

Hélène prend un air préoccupé.

— Tu parles d'une série noire ! C'est le troisième patient qui nous claque entre les doigts ce mois-ci !

— J'ai fait le même calcul, figure-toi.

— Cela dit, ces chiffres sont peut-être statistiquement normaux…

— Ah ouais ?

Je n'en crois tout simplement pas mes oreilles.

— Ces trois morts n'ont aucune valeur statistique puisqu'on ne peut les comparer à rien, déclare pensivement Hélène. Si ça se trouve, ils représentent même un taux au-dessous de la moyenne.

J'éclate d'un rire nerveux :

— Je ne savais pas qu'on bossait dans un camp de la mort ! Fallait me prévenir, je serais venue avec mes cercueils ! Enfin, Hélène, tu n'as pas fini avec tes conneries de statistiques ? Tu ne vois pas qu'il y a quelque chose de pourri dans ton royaume ?

— Tu me fais chier à la fin, Véra ! explose-t-elle. Qu'est-ce que tu insinues ? De quel droit te permets-tu de foutre en l'air, jour après jour, ce que nous essayons de construire ici ? Pourquoi cherches-tu à détruire la confiance que nous avons eu tellement de mal à établir avec les flics ? Le Centre existe depuis à peine trois ans. Nous sommes attaqués de partout. On n'a pas besoin de ta parano et de tes conflits permanents avec le monde extérieur.

— Par pitié, Hélène, n'en fais pas une question de personne ! Regarde ce qui se passe au lieu de te focaliser sur moi. Vire-moi plus tard si tu veux, mais ouvre les yeux !

Elle se laisse tomber sur sa chaise comme si sa petite colère l'avait épuisée. Jus de navet dans les veines.

— J'ai l'impression qu'on passe plus de temps à gérer tes intuitions qu'à s'occuper de nos dossiers, remarque-t-elle avec amertume. Mais vas-y. Montre-moi ce que, selon toi, je ne veux pas voir.

Avec les deux plaques rouge vif qui enflamment ses joues pâles et ses yeux que l'émoi rend myosotis, elle arbore plus de couleur sur sa figure qu'elle n'en a jamais porté de toute sa vie. Je la plains un peu. Elle se donne beaucoup de mal pour que le Centre fonctionne le mieux possible.

— Ecoute bien : Le lieutenant Marcioni m'a fait part aujourd'hui de la mort de Jennifer Barbet. Elle a été assassinée. Par qui ? Ce n'est pas notre problème. Ce qui est grave c'est que Marcioni a enfreint les consignes de sa hiérarchie pour nous mettre au courant. Il n'avait pas le droit de nous prévenir.

— Ce sont ses propres termes ou tu as déduit ça toute seule ?

— Bordel, pour qui tu me prends ? Il m'a conseillé de me rendre à la morgue et de rester discrète ! Tu ne comprends pas ? Les flics se débrouillent pour qu'on ne sache rien de ce qu'il advient de certains patients. Personne ne nous a prévenus que Bruno Romer s'était pendu pendant sa garde à vue. Si je n'étais pas tombée par hasard sur son frère à sept heures du matin, je ne l'aurais peut-être jamais su ! Même chose pour Jennifer. Si Marcioni, pour une raison que je ne comprends pas bien, ne m'avait pas mise au courant, nous en serions encore à parler de fugue. Quant à Céline Belmont, c'est le noir complet depuis le début.

— Je ne peux pas le croire, articule Hélène d'une voix basse.

— Eh non, bien sûr. Ce n'est pas joli d'être parano. On préfère s'accrocher à une image virtuelle de la réalité plutôt que d'affronter une vérité gênante !

— Salut, les filles ! Ça barde, on dirait…

Etienne vient d'arriver avec sa belle gueule et son casque de moto. Je me lève aussitôt, mon sac dans une main, ma cigarette dans l'autre.

— Salut. Je partais. Hélène te racontera.

Celui-là, je le fuis avec application. Je le trouve toujours aussi sympa, mais son alliance brille tel un phare dans la tempête, signalant une côte dangereuse. T'approche pas, clament ses mains.

— Tu as vu le type qui te cherchait ? lance-t-il au moment où je quitte la pièce.

— Qui ?

— Un homme. Je l'ai croisé sur le parking hier. Il prétendait avoir rendez-vous mais il ne savait pas dans quel service exactement tu travaillais.

— Ce n'était pas le mari de l'alcoolique qui…

— Non, non… Un homme d'une cinquantaine d'années, à moitié chauve, un teint d'endive…

— Propre ?

— En quelque sorte, admet-il avec un demi-sourire. Très perturbé, non ?

— Assez.

— Il dissimule bien ses symptômes mais il pue le sociopathe à dix bornes. Je ne lui ai pas dit où nous étions. Je n'aime pas ce genre de surprise. Je l'ai envoyé à la consultation et j'ai appelé pour qu'on s'en occupe.

Je suis certaine de n'avoir jamais vu cet homme ; il

doit aimer jouer à cache-cache parce que je ne suis pas difficile à trouver. Par contre, ce qui me plaît moins, c'est d'apprendre qu'il est perturbé. Je n'ai pas besoin d'un dingue de plus dans ma vie en ce moment. Il y a foule.

La voiture du Têtard se trouve devant mon immeuble. Pas dans un emplacement illégal, oh ! non. Faire sauter les contraventions, ce n'est pas dans le style du capitaine. Je le découvre assis sur les marches devant ma porte, un sac de croissants sur les genoux. Depuis combien de temps attend-il ? Une heure ? Cinq minutes ? Il se lève au moment où je me plante devant lui. Un pâle sourire flotte dans son regard mélancolique comme s'il savait d'avance que je n'aurais aucun plaisir à le voir.

— Tu vas bien ? demande-t-il à mi-voix.

Il ne fait pas un geste vers moi, son corps puissant dissimulé dans un costume F.B.I., le petit sachet blanc de la boulangerie ridiculement fragile dans ses mains. Hypocrite.

— Qu'est-ce que tu fais ici ?

Mon ton rend un son plus sec que je ne l'aurais voulu. Mon cœur bat aussi plus vite qu'il n'aurait dû.

— J'avais envie de te voir. Je te dérange ?

— J'ai bossé toute la nuit…

— On peut aller au café si tu veux… Je… Ça fait deux jours que je ne pense qu'à toi. Je me suis dit que le plus simple était encore de… Mais je me rends compte que… J'aurais dû téléphoner, quoi.

— Oui.

Chacun de ses sourires se plante dans mon cœur. Je meurs d'envie de me jeter dans ses bras, perspective qui, vue sous un autre angle, ne m'enchante pas exactement.

— Allez, viens. Je te paie un petit déjeuner de reine…

— Je préfère encore rester chez moi, dis-je en glissant ma clef dans la serrure.

— Tu as sept messages, annonce-t-il.

Je sursaute, tant pis pour le genre nonchalant.

— Comment le sais-tu ?

— Je suis venu récupérer la cassette, explique-t-il d'un ton d'excuse.

Il tapote légèrement la boîte noire qui dépasse de sa poche. Je le regarde fixement, incrédule.

— Tu veux dire que tu es entré chez moi ?

— J'ai pris la cassette mais je n'ai pas écouté les messages.

— Et tu es ressorti en refermant poliment la porte ?… Pourquoi ne pas m'attendre à l'intérieur, cela m'aurait fait une gentille surprise !

Ma voix monte, je frôle le contre-ut.

— J'ai préféré acheter des croissants et repartir de zéro. J'ai vraiment envie de passer un moment avec toi. J'aurais aussi bien pu ne rien te dire…

— Tu me prends pour une neu-neu en plus ? Tu crois que je n'aurais pas vu que la cassette avait disparu ?

— Oui, mais après mon départ… Je t'aurais donc menti, trompée. Tu aurais eu raison de m'en vouloir. Tandis que là, je te le dis en face, nuance… Oh ! merde, Véra. Est-ce qu'on ne peut pas passer un moment tranquille tous les deux ? Une parenthèse ? Et puis quand ce sera fini, on jouera à se détester…

— Si c'est comme ça que tu espères coucher avec moi, tu as du souci à te faire, je te préviens.

— Je n'espère rien. Tu me plais et j'ai envie de prendre un café. Point final.

Je le coupe, lugubre :

— Arrête. Je meurs de rire.

Je pose mon sac avant de me laisser choir sur le canapé. Il est huit heures du matin, la journée s'annonce grise et chaude.

— C'était quoi, cette cassette ? demandé-je sans le quitter des yeux.

— Un document que j'ai piqué aux Mœurs.

— Ce n'est pas aux Mœurs que je l'ai trouvée…

— Je… Je voulais faire plaisir à mon père.

Silence. J'aime ses joues taillées à coups de serpe, ses mains aux ongles courts et trop de choses encore. Je décide de réchauffer les croissants.

— Ton père est un homme très malade.

— Je sais.

— Pourquoi ne le fais-tu pas enfermer ?

— Il l'est déjà. Ça fait dix-sept ans qu'il n'est pas sorti de chez lui.

— Ta mère a divorcé ?

— Elle est morte quand j'avais onze ans.

— Et depuis ce temps-là, tu vis seul avec cet enfoiré ?

J'emploie ce mot à dessein, pour le blesser comme il m'a blessée en pénétrant chez moi à mon insu pour ensuite me l'avouer et mesurer son pouvoir sur moi. Je me souviens de lui face au pirate de l'air, de son état second.

Protégée par le comptoir de ma cuisine américaine, je me sens assez maîtresse de la situation pour lui extorquer n'importe quelle vérité. Le problème c'est que si je quitte l'espace de la cuisine, je me sens tout aussi capable de lui tomber directement dans les bras.

— Tu n'as jamais songé à déménager ? A le placer dans une institution pour vivre ta propre vie ?

Je lui tends le plateau par-dessus le comptoir et fais mine de fourrager dans le Frigidaire.

— Il ne me gêne pas tant que ça, prétend-il. Il se

débrouille très bien tout seul, sauf pour les courses, et moi je vis au boulot. Tu comptes rester longtemps dans la cuisine ?

Au moment où je passe devant lui, il me prend la main et je ne résiste pas. Je me retrouve sur ses genoux, ses bras autour de moi, sa bouche sur la mienne. C'est la première fois qu'il m'arrive un truc pareil, que je me sens une femme, une vraie. J'ai beau savoir qu'il n'est pas l'homme idéal, son désir agit sur moi comme un philtre magique. Pour faire taire mes scrupules, je me raconte que c'est purement physique et que je fais avancer mon enquête.

Pourtant, quand il effleure mes seins, je saute sur mes pieds.

— Stop !

Avec la gaieté forcée d'une cheftaine scout annonçant à sa troupe que le pape est en retard, j'ai rejoint le canapé, de l'autre côté de la table basse. Bien qu'il n'ait pas fait un geste pour me retenir, je le sens désagréablement surpris. Pourtant, il ne me tient pas rigueur de cette inexplicable marche arrière. On dirait qu'il a l'habitude d'être déçu.

— On ne va pas plus loin ? demande-t-il.

— Je préfère qu'on en reste là. Je... On n'a plus l'âge de jouer à touche-pipi et je ne suis pas prête pour le reste.

— O.K. Pas de problème.

Il a un petit rire accompagné d'un haussement d'épaules. Nous restons les yeux dans les yeux, de chaque côté de la table basse, haletants.

— Qu'est-ce qui est arrivé à ton père ? insisté-je, cherchant sciemment à refroidir l'atmosphère.

Je ne me fais aucune confiance. S'il continue à me regarder, je suis capable de craquer. Or, c'est impossible.

— Il était prof de gym dans un lycée. Il entraînait une équipe de gymnastique acrobatique. Il est tombé d'un trapèze. C'était terminé pour lui.

— Mais… Tu l'aimes quand même ?

— Je le déteste, reconnaît-il tranquillement. Ce n'est pas un secret, je ne le lui ai jamais caché.

— Pourtant tu restes…

Pas de réponse. Je me le représente à onze ans, seul face à un père sadique, aigri, paralysé et à demi fou. Sur l'échelle des vies de merde, il obtient un très bon score.

— Personne ne s'est jamais soucié de la façon dont tu vivais ? Personne n'a proposé de te prendre en charge ou même de t'envoyer en pension ?

Son regard le trahit. Je perçois de manière fugace à quel point ma question lui déplaît.

— Oh ! si… Une assistante sociale est venue voir mon père…

— Elle a dû être bien reçue !

— En effet.

— Et ?

— Et rien… Ça ne s'est pas très bien passé, c'est tout.

Je le scrute intensément avant de tirer les conclusions qui s'imposent :

— Il l'a frappée. Il l'a traitée comme il m'a traitée, moi, sauf que tu n'étais pas là pour jouer les zorros.

— Exactement.

— Elle n'a pas porté plainte ? m'écrié-je. Elle a dû faire un raffut de tous les diables quand elle est sortie d'entre ses pattes !

— …

— Attends, attends. Elle n'est pas sortie de ses pattes ?

— Si, admet-il à contrecœur. Mais… Il l'a séquestrée plusieurs jours. Après, elle ne pouvait plus parler.

Ce n'était pas comme maintenant, tu sais… Les femmes avaient honte, on ne les croyait pas…

Mon plan a fort bien réussi : me voici tout à fait refroidie. Un gosse de onze ans qui assiste à un drame pareil est marqué à vie. Toute l'existence du Têtard m'apparaît comme un seul et même syndrome post-traumatique. Pour parler crûment, il est complètement niqué. Je n'en veux à aucun prix.

— Et maintenant ? continué-je pour meubler le silence pesant qui s'est installé entre nous. En tant que flic, ça te fait quel effet de savoir que ton père est coupable d'un crime ? Tu as oublié ? Tu as passé l'éponge ?

— Ne sois pas comme ça, grogne-t-il, choqué. C'est une histoire horrible. Je l'ai très mal vécue. J'aurais bien aimé l'effacer de ma mémoire mais je n'ai jamais pu…

— Pourtant ça arrive, affirmé-je. C'est même assez fréquent. On oublie pour survivre.

— Eh bien, je n'ai rien oublié. C'est même pour cela que je suis devenu flic. Pour protéger les femmes, toutes les femmes, d'hommes comme lui…

Allons bon. La mère a dû en prendre plein la gueule, elle aussi. Je lance avec une ironie mauvaise :

— Et ça marche ?

Un froid reproche passe dans son regard. Il s'irrite de mon attitude à la fois distante et agressive. Il faut dire que je m'étonne moi-même. Il m'énerve. Je n'ai aucune envie de l'écouter, pas envie que ses confidences en fassent un patient de plus. Au fond, je tiens à ce qu'il reste le héros mâle de mes fantasmes. Il faut dire que pour l'instant, c'est le seul que je possède.

Il consulte sa montre, se lève pour partir. Je ne l'ai pas écouté, et, de ce que j'ai entendu, je n'ai gardé que des miettes. Tant pis si cela le vexe. J'estime qu'en entrant dans la police il a voulu protéger aussi bien sa mère, ou ses semblables, que son père. Les enfants martyrs protègent leur bourreau, c'est connu. Le Têtard, selon moi, ne fait rien d'autre.

Arrivé à la porte d'entrée, il se tourne vers moi. J'effleure sa joue du bout des doigts.

— Je suis désolée, dis-je doucement.

— De quoi ?

— … Qu'on n'ait pas couché ensemble.

Je lui dois au moins cet aveu. Pris au dépourvu, il me sonde un long moment comme pour vérifier que je ne me moque pas. Et puis, il tend son bras pour me rapprocher de lui. Son visage exprime une tendresse, une émotion qui ne peut être feinte. Autour de moi, tout bascule à nouveau. Il me serre contre lui, respirant contre mon oreille, murmurant mon nom. Dans ma tête, une folle en cheveux braille : Pourquoi pas ? Pourquoi pas ? Avec lui, c'est possible ! Il comprendra, il t'aimera !

Heureusement, il me quitte rapidement.

19

— Allô, Rosemarie ? Salut, c'est Véra. Tu vas bien ?

Deux jours auparavant, lors de l'anniversaire d'Alexis, nous ne nous adressions plus la parole, mais une petite trêve est toujours la bienvenue car elle permet de faire le point et de remettre à jour les priorités de chacun. Je tombe à pic car ma dernière incartade a suscité chez Rosemarie une curiosité dévorante :

— Espèce de cachottière, tu ne m'avais pas dit que tu avais un mec !

— Je n'ai pas de mec. L'autre soir, c'était complètement bidon.

— Raconte ça à qui tu veux mais pas à moi. Ce type est fou de toi, ça se voit.

— Il est flic, coupé-je.

— Ah.

— Tu parles d'un couple ! Il est flic et moi…

— Véra, tu n'as jamais pensé que ton… enfin ton… handicap pouvait plaire à un homme ? Tu vois ce que je veux dire ? Ce n'est pas forcément dégoûtant.

— Allons bon ! Un jour il faut que je me fasse opérer, le lendemain je dois m'assumer telle que je suis…

— Oh ! tu sais, ce qu'on en dit n'a aucune importance. Tu ne nous empêcheras jamais de causer. Ce qu'il faut c'est que tu te décides à vivre, merde !

On a toujours été légers, nous, les Cabral. Une division de chars Panzer à côté, des ballerines.

— Mais je vis, je te remercie !

— Bien sûr. Excuse-moi. Pourquoi tu m'appelais déjà ?

Elle n'a pas le moral, Rosemarie. Normalement, on aurait dû repartir toutes les deux comme en quatorze, elle sur son cheval blanc, moi sur mon cochon sauvage. Elle mollit. Je résiste au plaisir de le lui faire remarquer car mon coup de fil a un but bien précis.

— Je voudrais faire une enquête sur le père d'un patient. Un prof à Chaptal dans les années soixante-dix. Comment puis-je consulter son dossier ?

— Quel genre de dossier ?

— Il s'est cassé la colonne vertébrale pendant un cours.

— Dans ce cas, c'est un accident du travail. Mais il va falloir que tu la joues tricolore, ma vieille, l'Education nationale n'a rien d'un peep-show. Les archives sont confidentielles.

— Tu ne pourrais pas me pistonner ?

Rosemarie est syndicaliste depuis son plus jeune âge, l'Education nationale ayant remplacé dans sa structure mentale l'Eglise catholique de notre enfance. Telle une nonne ambitieuse et fanatique, elle en connaît toutes les arcanes et les cercles d'influence.

— L'an passé, j'ai fait un stage avec la secrétaire de cellule des archives. Je peux lui passer un coup de fil si tu veux…

Je me confonds en remerciements et accepte avec gratitude toutes sortes de conseils pour obtenir les renseignements que je désire. J'ai hâte de raccrocher pour mettre son plan en application.

— Et toi ? demandé-je pour la forme. Ça va ?

Les secondes s'égrènent au bout du fil, une-deux, une-deux.

— Je n'aime plus Maxence, Véra.

— Tu quoi ? Mais non, tu dis ça comme ça !

— Je ne l'aime plus. Il se lève, je m'en fous, il parle, je m'en fous… Je me moque complètement de tout ce qui le concerne. Tu te rends compte ?

A vrai dire, pas très bien. N'ayant jamais été amoureuse, je ne sais pas ce que c'est que de vibrer à chaque geste de la personne avec qui on vit. Mais j'en ai entendu parler.

— Ça ne peut pas être passager ?

— Je ne crois pas. Ça fait plusieurs mois maintenant… Au début, je me disais, comme toi, que ça allait passer, mais non.

— Il a fait quelque chose ?

— Rien. Il n'a rien fait. Je ne l'aime plus, c'est tout. Je le trouve… bête.

Ah, ça.

— J'ai trente et un ans, trois gosses, et je n'aime plus mon mari. Qu'est-ce que je fais, Véra ?

Un putain de mystère, si vous voulez mon avis. Mais je dois inventer à tout prix quelque chose de constructif. Je décrète d'un ton hyper-professionnel :

— Tu attends.

— J'attends quoi ?

— De faire le deuil de ton amour pour lui. De souffrir moins. Quelque chose de très important, auquel tu tenais beaucoup, vient de disparaître. Tu as trop mal pour savoir s'il y a autre chose dessous et quoi. Alors tu attends. Dans un an ou deux, tu aviseras. Soit la relation repartira sur d'autres bases, soit tu te rendras disponible pour quelqu'un d'autre.

— Attends… C'est de toi que tu parles, là…

— De moi ? Je ne suis pas en deuil !

— Oh si, tu l'es. De ton flic.

Sacrée Rosemarie. Toujours le mot pour rire.

Après le départ du Têtard, j'ai dormi comme s'il m'avait assommée à coups de croissants et maintenant je suis carrément en retard. Si je veux me rendre au rectorat pendant que les bureaux sont encore ouverts, j'ai intérêt à me dépêcher.

Trois quarts d'heure plus tard, avec l'assurance d'un chevalier adoubé de la main du roi, je me présente devant une employée qui occupe un bureau gris, sale, mal rangé, en un mot tel qu'on l'imagine.

— M. Sedan ? Education physique ? Lycée Chaptal, 9e arrondissement. C'est son dernier établissement. Avant, il enseignait au lycée Balzac, avant cela à Molière…

Toutes les gloires de la France vont y passer. Dans l'Education nationale, quand il y a un problème, on déplace. Le père Sedan a si souvent changé d'établissement que son dossier pèse un bon quintal. On ne peut guère prétendre que personne n'ait rien remarqué. Je m'émerveille que les rapports, les blâmes, les scandales aient pu s'accumuler au fil des ans sans qu'il soit viré. Aucune sanction n'a été prise contre lui. On l'a simplement muté, remuté… Les proviseurs se le repassaient comme une patate chaude, négociant son départ dans la ouate. C'est beau la France. Eût-il été compétent, dévoué, sincère, il se serait fait jeter sans ménagements tandis qu'un pervers, violent et sadique, force immanquablement le respect.

D'après les notes, on peut déduire que la cruauté représente son principal moteur. Elle s'exerçait partout, dans les moindres détails. Quelques noms reviennent, notamment celui d'une professeur de sciences qui a soutenu la plainte d'un élève pour viol, plainte retirée par la suite à la demande de l'élève lui-même. Comme de juste.

Je ne me vois pas débarquer chez le garçon, aujourd'hui un homme, pour évoquer ce drame mais il me reste, en dernier recours, la professeur de sciences. Discrètement, je relève quelques adresses et numéros de téléphone, remballe ces informations dans mon panier et pars travailler.

Sur l'autoroute, j'appelle le Centre.

— Sheila, je viens d'avoir un appel de Paul Belmont pour Manuel ; c'est sur ma route, je passe les voir. Je serai un peu en retard.

— C'est Jérôme qui va être content ! Il n'a pas dormi depuis quarante-huit heures et il vous attend pour le remplacer.

— Et si vous vous serviez de votre tête pour une fois ? répliqué-je sèchement. Vous nous voyez refusant d'intervenir auprès d'un mineur en difficulté ?

Mais c'est quoi son problème, à celle-là ? J'ai négligé ses étrennes ? Oublié le prénom de son neveu ? Je me promets de soulever la question à la prochaine réunion quand un moelleux crissement de gravier sous mes pneus m'avertit que je suis arrivée.

Chez les Belmont — où personne n'attend ma visite, on l'aura compris —, c'est l'heure de l'apéritif au bord de la piscine. Manuel et Bébé jouent aux sept familles sous un parasol tandis qu'à l'autre bout du rectangle bleu, le député prend un bain de soleil aux côtés d'une créature aux jambes effilées.

Le visage de Manuel s'éclaire en me voyant arriver, ce qui me touche plus que je ne veux bien l'admettre. Son père et la femme allongée sur le transat à ses côtés demeurent immobiles, d'une impassibilité de sphinx derrière leurs lunettes noires.

— Tu viens manger ? me demande gravement l'enfant.

— Dîner, Manuel, on dit : dîner…

Intervention de la femme, accent parisien snobinard, buste mince, jambes interminables, cheveux blonds très courts. Une petite quarantaine, assez marquée.

— Bonjour, docteur, articule Belmont.

Je lui trouve le teint gris.

— Vous connaissez Laure Pascal ? ajoute-t-il en me présentant la blonde.

C'est étrange : le nom me rappelle quelque chose alors que le visage, l'allure de cette femme, sa maigreur sensuelle, m'en rappelle une autre. Les deux ne coïncident pas, à tel point que j'en perds un instant le fil de la conversation. Je me ressaisis pour annoncer d'un ton formel :

— Je voudrais proposer à Manuel d'assister à une petite fête organisée à l'hôpital. Je crois qu'ils font venir un cirque. Tous les enfants en thérapie sont invités.

— Vous êtes venue pour ça ? s'étonne Laure Pascal. Est-ce que ce n'est pas s'impliquer un peu trop ?

— C'est un choix thérapeutique.

Ce qui ne veut absolument rien dire mais formulé sur un ton plein de références lacaniennes, ça sonne bien.

— Vous me plaisez, docteur Cabral, déclare Belmont sans ôter ses lunettes noires. Peu importe la théorie. On s'adapte et on continue. Tout est là : s'adapter.

Je l'observe en souriant. La blonde s'est remise à bronzer.

— Laure est journaliste, précise Belmont en suivant mon regard inquisiteur.

— Ah oui, il me semblait bien avoir reconnu ce

nom… A propos de signature, vous avez oublié votre stylo dans mon bureau. Tenez, je vous l'ai rapporté.

— Le stylo que je t'ai offert ? intervient la blonde, scandalisée. Tu ne m'avais pas dit que tu l'avais perdu !

— Je ne te dis pas tout.

Elle se tait mais une imperceptible crispation de sa bouche m'indique qu'il va payer sa petite remarque. Je la suis des yeux tandis qu'elle s'éloigne d'un pas nonchalant en direction de la maison. Je viens de reconnaître cette silhouette, bien qu'elle n'ait plus sa perruque et son bustier de cuir. Laure Pascal n'est pas seulement journaliste, mais aussi une Jardinière d'un type un peu spécial.

— Vous prenez un verre, docteur ? demande mécaniquement Paul Belmont.

Bien qu'il semble troublé par ce départ et peu disposé à passer un moment avec moi, un sourire énigmatique reste figé sur son visage terreux. Cela m'agace de ne pas voir ses yeux. Je m'approche pour lui serrer la main, scrutant ses traits :

— Au revoir, monsieur.

— A bientôt, docteur, susurre-t-il.

Autour de lui flotte un arôme douceâtre d'onguent jasminé qui provoque en moi une répulsion brutale. Je lâche sa main comme si elle puait la charogne, retiens l'envie de m'essuyer. Ce relent chimique et sucré autour de Belmont est celui de la crème cicatrisante que le Têtard a sortie de sa boîte à gants. Quelque part dans une galaxie pas très éloignée de la mienne, Paul Belmont s'est donc fait fouetter.

20

Diling, diling. Clic. Crouic. Répondeur. Ma voix : « Vous êtes bien chez Véra. Vous pouvez laisser un message si vous y tenez. » La voix de Karine : « Véra, je voulais te dire qu'il se passe quelque chose de très fort entre ton répondeur et moi. Je pense que nous allons nous marier. » Clic. Je décroche brusquement :

— Tu pètes les plombs ou quoi ?

— Ça fait quinze messages que je te laisse.

— Je sais, je sais.

Je n'ai pas eu de contact avec elle depuis l'affaire Boucles d'or. L'anniversaire d'Alexis ne compte pas vraiment.

— On a sa vie privée à ce qu'il semble, plaisante-t-elle.

— Si tu fais allusion au mec qui est passé chez les parents l'autre jour…

— Alexis m'a dit qu'il était flic.

— Et moi je lui ai dit que tu avais pris un gigolo.

Ceux qui survivront à la Troisième Guerre mondiale seront issus de famille nombreuse : nerfs d'acier, dents de vampire, de vraies bêtes de combat.

— Tu veux parler de Moïse ? s'indigne-t-elle.

— Oh, Boucles d'or s'appelle Moïse ?
— Et après ? Ça vaut Pierre ou Paul.
— Si on veut.
— Je te choque ?
Je réponds, un peu à contrecœur :
— C'est vrai. J'aime bien Nathan. Ça me gonfle à mort que tu lui fasses ce coup-là.
— Attends un peu, Véra, j'ai comme un doute. Si je m'envoyais en l'air avec un type aux cheveux gris, pneu autour de la taille et quéquette sous Viagra, tu dirais quoi ?
— La même chose.
— Menteuse. Tu diagnostiquerais une crise de couple et tu ne prendrais pas la défense de Nathan. Tu m'aiderais parce qu'une femme de quarante ans qui s'envoie en l'air avec un homme de son âge ou plus, c'est sexuellement correct.
— Tu…
— On est assez libéré pour tolérer qu'une femme prenne du bon temps mais attention ! Pas trop de bon temps, quand même !
— Tu as fini ?
— Non. J'ai besoin de toi, Véra. Tu ne peux pas me laisser tomber.
Ah non ? pensé-je. Ah non ? Pourquoi la scolopendre de huitième zone avec un flic pervers pour toute perspective amoureuse ne laisserait-elle pas tomber mâdâme Boucles d'or ? On est en droit de se le demander.
— Véra ? T'es là ?
— Je n'ai pas que ça à faire mais je t'écoute.
— C'est pour Moïse… commence-t-elle.
— Je m'en serais doutée, figure-toi.
— On est amoureux et…
— Tu veux dire que, toi, tu es amoureuse.
— Lui aussi, je te jure !

— Je le croirais s'il ne tirait aucun avantage de la situation. Mais le simple fait que tu me demandes quelque chose pour lui ne plaide pas en sa faveur.

— Admettons. Disons que j'ai, moi, très envie qu'il reste en France.

— Ah. Il n'est pas français.

— Tu as vu beaucoup de Français avec ce look, toi ?

— Honnêtement, jamais.

— Il est australien avec un grand-père écossais et une grand-mère thaïlandaise. Il n'y a que les mélanges qui donnent ce genre de résultat…

Certes. J'espère seulement qu'elle ne va pas m'annoncer qu'il a le mal du pays et conséquemment besoin d'une ou deux petites drogues pas précisément en vente libre. Le problème pour nous, les psychiatres, c'est qu'on nous confond parfois avec le dealer du coin. Forcément, ça vexe.

— Son visa va expirer, explique-t-elle. Je voudrais que tu parles de lui à ton flic pour qu'il puisse rester en France…

Blanc.

— Tu es folle ?

— Fais ça pour moi, Véra. Je ne t'ai jamais rien demandé… Tu ne peux pas savoir à quel point c'est important…

— Impossible. D'abord ce n'est pas mon flic, comme tu dis, et puis c'est pas le genre…

— Ce n'est pas ce que dit Alexis, rétorque-t-elle d'une voix dure.

J'en reste un instant sans voix. Ça veut dire quoi, ça ? Je reprends avec prudence, faisant très attention à l'endroit où je pose désormais les pieds :

— Qu'est-ce qu'il dit, Alexis ?

— Que je pourrais convaincre le flic… A condition d'être gentille et de faire tout ce qu'il me demande.

— Non ! Surtout ne fais pas ça ! Ne demande rien à ce mec !

— Alors fais quelque chose ! Il est amoureux de toi, non ?

— Qu'est-ce que tu en sais ?

Blanc. Elle se demande si c'est du bluff.

— Tant pis, conclut-elle, je m'adresserai à lui directement.

Le sacrifice de son mariage ne lui suffit pas. Elle est vraiment prête à tout pour garder Boucles d'or. J'ai envie de raccrocher mais j'ai peur. Pas pour moi, pour elle. Je m'entends dire comme dans un cauchemar :

— O.K. C'est bon. Je m'en occupe. Mais jure-moi de ne pas t'approcher de ce flic. Sous aucun prétexte.

Elle éclate de rire, ravie d'avoir gagné. Au fond, elle n'a jamais cru que je la laisserais purement et simplement tomber.

— Tu es jalouse ou quoi ? plaisante-t-elle.

Je raccroche avec l'impression pénible que ma vie dérape très vite et que je ne peux plus freiner.

Chaque jour en arrivant au Centre, j'admire les feuillages des chênes ombrageant les pelouses autour du parking. A part le chant des oiseaux et le paisible ronron des arroseurs, rien ne trouble le silence. C'est tranquille, un hôpital psychiatrique. Heureusement qu'il y a la verdure pour meubler, sinon on se sentirait vite accablé. Un peu comme moi, tandis que je gare ma voiture entre celle de Jérôme et celle de mon chef de service. Totalement accablée.

La question de savoir si je dois raconter à mes collègues ce que j'ai découvert sur Belmont demeure à l'ordre du jour. Cette éventualité m'oblige toutefois à révéler les circonstances dans lesquelles j'ai utilisé ce fameux baume, donc l'agression du père du Têtard, donc comment je suis allée rendre des disquettes que j'avais volées. Autant renoncer tout de suite.

Appuyée contre le capot de ma voiture, j'appelle Selim.

— Dis donc, j'ai un cas de soumission qui me pose un petit problème…

— Tu n'obtiendras rien de moi au téléphone, répond-il. Un café sinon tu t'adresses à quelqu'un d'autre.

— A quelle heure pars-tu au boulot demain matin ?

— A huit heures vingt, avec les enfants. Tu peux me retrouver au café en face de l'école, j'aurai une demi-heure après les avoir déposés.

— Tu es génial ! Je t'adore. Embrasse Chimène.

— Ce sera difficile, elle est partie.

— Comment ça, partie ? Partie où ?

Il rugit.

— Au Tibet ! Son chantier de fouilles, tu te souviens ? Ça fait à peine une semaine et j'en ai déjà ras le bol.

— Elle va y rester longtemps ?

— Un mois et demi ! Je devais être bourré le jour où j'ai accepté ça.

Je n'ai pas le temps de répondre, il a déjà raccroché. Chimène a dû me laisser cinq ou six messages ces derniers temps, sûrement pour me dire au revoir, mais justement, parce que nous sommes si proches, je l'ai laissée partir sans un signe d'amitié ni même d'intérêt. Bravo. Ça vaut le coup de m'avoir pour amie.

— Bonsoir, Véra, marmonne Sheila qui potasse un manuel de sophrologie devant son standard.

Je surprends le bref coup d'œil qu'elle jette sur sa montre pour vérifier l'heure de mon arrivée, geste qui a d'ordinaire le don de m'horripiler, mais aujourd'hui, rongée de culpabilité, je lui adresse un humble sourire :

— Bonsoir Sheila, des appels ?

— Pas encore. Hélène voulait vous parler mais elle n'a pas pu rester. Je crois que son dernier est malade. Elle a laissé un mot dans votre bureau.

Hélène me signale que l'enterrement de Jennifer est prévu le lendemain. Elle se demande si l'un de nous ne doit pas y assister. Je décide derechef que ce sera moi et colle un Post-it sur son ordinateur pour la prévenir.

Tôt dans la soirée, le Centre reçoit un appel d'un généraliste qui réclame de l'aide pour une attaque de panique. Je pars dans la seconde, souhaitant ardemment que la nuit soit assez agitée pour m'éviter de croiser trop souvent Etienne. Il possède le désagréable pouvoir de lire en moi, or j'ai pas mal de choses à lui cacher.

Premier sujet de réflexion, ce que j'ai découvert sur Belmont change-t-il quelque chose au sort de Manuel ? Théoriquement non. J'ai la certitude que Paul Belmont n'est pas impliqué dans la mort de sa fille. Mais les psys, comme les flics, ne croient pas au hasard. Ils croient aux engrenages. Aux erreurs. Au mariage malheureux de la réalité avec les désordres psychiques : collision, explosion, destruction. Les goûts particuliers de Belmont l'ont conduit à fréquenter quelqu'un de toxique, sa fille et sa femme ont été détruites. En cela, il est responsable. Mon instinct m'ordonne d'éloigner Manuel de lui le plus vite possible mais je n'ai pas la moindre idée de la façon dont je vais m'y prendre.

21

Un pavillon moderne au nord de Goussainville, pas la banlicue, mais pas vraiment la campagne non plus. Ma voiture est garée depuis deux bonnes heures déjà devant un des jardinets qui entourent les habitations, larges plaques de boue d'où émergent, çà et là, un tricycle rouge ou un portique avec sa balançoire jaune citron.

L'attaque de panique est calmée, le généraliste reparti depuis longtemps. Le jeune couple qui a nécessité une intervention en urgence s'est habitué à la présence d'un psychiatre. Ils se livrent avec la même aisance que sur un plateau de télévision quand la sonnerie de mon portable nous interrompt brutalement.

— Oui, Sheila…

Humilité, humilité.

— Etienne ne peut pas y aller ?… Je suis de son avis, on n'est pas aux ordres du commissariat… Vous ne faites rien de plus, Sheila, ce n'est pas votre boulot… Vous avez transmis l'appel et nous, on fait comme on peut… Non… Non, Sheila, je ne vous traite pas de sous-fifre, absolument pas… Tout à fait d'accord, parlons-en à la réunion de mercredi... Bon, je suis en pleine intervention, dites-leur que je passe dès que possible.

Le fait que, quelque part dans la nuit, on réclame les lumières de ma science a rompu le charme. Le jeune couple s'aperçoit qu'il a sommeil. Je prescris à madame un arrêt de travail de huit jours assorti de plusieurs rendez-vous au Centre, et retraverse en sens inverse le jardinet boueux avec sa balançoire.

Une demi-heure d'autoroute plus tard, le clignotement frénétique des gyrophares m'indique que je suis arrivée. Les flics ont déjà pris position. Le 95 bis, rue des Alouettes, apparaît pourtant comme un paisible lotissement d'immeubles de six étages, à la vilaine façade plate, affichant lisiblement les numéros de leurs cages d'escalier qu'on devine sonores à souhait. Rien de luxueux mais pas de quoi appeler le S.A.M.U. social non plus.

En me garant entre le car des flics et l'ambulance, je discerne dans les phares des hommes en uniforme qui courent dans tous les sens, avec des talkies et tout le bazar. Les habitants de l'immeuble, en pantoufles et vêtements de nuit, ont été regroupés sur le côté, un peu à l'écart. Ils contemplent fixement une fenêtre de l'immeuble C sur laquelle sont braqués de puissants projecteurs. Une longue bâche grise est tendue sur le sol, juste en dessous. En haut d'un marronnier, un tireur d'élite se tient prêt. Soudain un cri, un projectile volant par le carreau et tombant directement sur la bâche, quatre étages plus bas. Il m'a semblé distinguer une main.

— Un cannibale, annonce lugubrement le lieutenant Marcioni en me serrant la main. Il habite là depuis dix ans, toujours poli, toujours discret. Vers minuit, un jeune qui rentrait d'une fiesta a remarqué un pied sous la roue de sa mobylette. Et puis un avant-bras est tombé juste à côté de lui. Il a compris que ça venait du quatrième et il a appelé la police. Depuis, on sait que cet homme retient en otage son voisin de soixante-quinze ans mais on ignore encore qui il est en train de bouffer. Il a découpé son chien avant de nous le balancer par morceaux.

— C'est la main de l'otage qui vient de tomber ?

— Evidemment non ! On aurait déjà donné l'assaut, vous pensez ! On a fait évacuer tout l'immeuble pour avoir le champ libre. Le voisin est attaché à une chaise, intact. Le tireur d'élite peut le voir dans son viseur mais le cannibale se tient soigneusement hors de portée. Dingue, mais pas con…

— Vous avez fait analyser les morceaux que vous avez récupérés ?

— Ils appartiennent à un humain mâle d'une trentaine d'années. Pour l'instant, c'est tout ce qu'on a.

— Quelqu'un est entré en contact avec le cannibale ?

— Il n'a pas d'amis dans l'immeuble, figurez-vous. Juste avant qu'on arrive, il s'est posté à la fenêtre pour clamer qu'il était l'un des cinq guerriers de l'Apocalypse.

— Il a donc entamé une sorte de dialogue ?

— Si on veut : Il fait les questions et les réponses. Il est complètement parti. Ah ! encore une chose, il est déguisé.

— En quoi ?

— En homme-araignée, répond Marcioni avec dégoût. Vous savez, l'asticot en combinaison bleu et rouge. Ça me rappelle mon petit-fils.

Bouffée délirante. Psychose. Je possède dans ma mallette tous les ingrédients d'une camisole chimique de première catégorie mais le plus dur reste à faire.

— Si je comprends bien, remarqué-je avec impatience, vous vous agitez tous devant cet immeuble comme si vous aviez du poil à gratter dans le slip, en espérant bien que le C.I.P. va s'y coller.

— Comment ? s'insurge Marcioni. Mais pas du tout !

Je hausse les épaules :

— Dites à vos hommes d'attendre mon signal et au tireur d'élite de me couvrir. Je vais essayer de le faire sortir de chez lui.

Bon. Il y a un temps pour tout. Un temps pour la défense des animaux, les slogans *peace and love*, les fleurs et les clochettes. Et puis un temps où on remballe ses idéaux pour faire avec ce qu'on a. Et là, je n'ai pas grand-chose. La seule certitude qui me permet de monter les marches grises de ce H.L.M. minable, c'est de savoir que, si j'échoue à vider ma seringue d'Haldol dans le bras du cannibale, il me restera la possibilité de sauter par la fenêtre.

Dans cette sympathique perspective, je décide de ne pas prendre l'ascenseur. Pourquoi se presser ?

Est-ce le contrecoup de l'épisode du Boeing cambodgien ? Je ne me sens guère flambante. Trop de folie, trop de misère psychique, trop de sang. Le sentiment d'avoir perdu la foi.

Des pas descendent calmement l'escalier. Ploum, ploum, ploum. Palier. Ploum, ploum, ploum… Je déglutis péniblement, figée quelque part entre le deuxième et le troisième. Ploum, ploum, ploum, réguliers les pas, peinards. Moi, sachant que l'immeuble a été évacué, batterie à plat, cœur à cent mille, suée, presque pisse dans pantalon. Ploum, ploum, ploum.

— Bonsoir, madame…

Il passe devant moi avec un hochement de tête poli. Un homme de cinquante ans environ, vêtu d'un costume gris façon pays de l'Est, repassé de frais. Des yeux bleus dans un visage rose, glabre, qui luit presque au-dessus du col boutonné. Des tennis aussi blanches que si elles avaient trempé dans un bain d'eau de Javel. Un petit bonhomme bien net, douloureusement impeccable.

Il me frôle et continue à descendre, ploum, ploum, ploum.

Fausse alerte. La raison me revient avec le sang dans les veines. Evidemment, si ce n'est pas mon cannibale, on peut se demander ce qu'il fabrique dans l'immeuble, mais il se trouve que la question ne m'intéresse pas beaucoup. J'en ai ma claque de ce métier.

Enfin, je sonne à la porte de l'appartement 412. Sans oser me l'avouer, j'ai déjà renoncé à négocier. Je n'ai même pas envie d'essayer. La porte s'ouvre avec assez d'énergie pour être arrachée de ses gonds.

Je me plaque contre le mur, à droite, avant que le forcené puisse me voir. Quelques secondes s'écoulent. Je l'entends respirer bruyamment, puis il referme la porte en se débrouillant pour qu'elle racle et grince en signe de protestation. Chacun de ses gestes me paraît empreint d'une formidable brutalité, quoique, dans le cas de la porte, le syndic y soit aussi pour quelque chose.

J'appuie de toutes mes forces sur la sonnette. Cette fois, il fait un pas en avant pour explorer le palier. Je me glisse derrière lui et pénètre dans l'appartement en lui claquant la porte au nez.

Ligoté sur une chaise, le vieux monsieur respire avec peine au milieu d'un chaos innommable. Les murs sont barbouillés d'inscriptions tracées avec le sang du chien, comme en témoigne le pinceau planté dans le bide de l'animal éventré, éviscéré et décapité. Par contre, le cadavre que le forcené découpe sur la table, et dont certains morceaux rissolent dans une friteuse électrique, n'est pas de première jeunesse. Une rapide estimation me fait évaluer la mort de l'homme au début de la semaine, ce qui n'a d'ailleurs aucune espèce d'intérêt. Même le vieux monsieur n'a droit qu'à un regard.

Je bondis vers la fenêtre et crie : « Il est dans l'escalier ! »

Pour toute réponse, une clameur angoissée sort de toutes les gorges. Dix flics me braquent en même temps qu'un souffle rauque balaie ma nuque. Le forcené vient tout simplement d'entrer avec sa clef. Il se dresse devant moi, immense araignée rouge et bleu barbouillée de sang noir, affreux et fou comme un lapin.

Je ne saurai jamais ce qu'il s'apprêtait à me dire, ou à me faire, car une balle l'atteint en pleine tête avant qu'il puisse prononcer un mot, puis, instantanément, une deuxième et une troisième. Je le regarde s'écrouler sans faire un geste et le contemple à mes pieds pendant de longues minutes, indifférente à la cavalcade dans l'escalier, à la meute bottée et casquée qui fracture la porte et délivre l'otage.

— Docteur Cabral ?… Docteur Cabral ?

Je relève la tête.

— Bravo, docteur, me dit sobrement un gradé.

— … Ah. Vous trouvez ?

— Le lieutenant Marcioni vous attend en bas. Vous n'êtes pas blessée ?…

— Non. Je descends tout de suite.

Marcioni a l'extrême bonté d'être content de me revoir et de le montrer.

— Je ne sais pas ce que vous avez foutu, docteur, mais c'était drôlement gonflé.

— Avez-vous intercepté l'homme que j'ai croisé dans l'escalier ?

— Quel homme ?

— Un homme… banal. Rien de particulier. Sans âge, sans couleur, sans odeur. Un petit monsieur très net.

Le lieutenant Marcioni me dévisage, incrédule.

— Personne n'est sorti, déclare-t-il, catégorique.

— A moins que l'immeuble ne possède plusieurs issues…

Je marque un point. Il hoche la tête en affirmant, ébranlé :

— C'est exact… Il y a une porte sur le côté du bâtiment permettant d'accéder à la chaudière.

Pourquoi un locataire ordinaire aurait-il choisi de s'éclipser de cette façon si ce n'est pour éviter la police ?

Je me sens très lasse, très loin de tout.

— A quoi ressemblait cet homme ? demande Marcioni.

Je le décris en précisant au mieux les particularités de l'individu :

— Il n'avait pas peur du tout. Je n'y ai pas réfléchi sur le coup mais c'est assez frappant. On aurait dit que ce qui se passait dans l'immeuble lui était parfaitement égal. C'est pour ça que je voulais lui parler. C'est tellement étrange que…

— A quoi pensez-vous ?

— Je ne sais pas… C'est absurde mais je me suis demandé si ce n'était pas un ami du forcené. Quelqu'un qui venait de lui rendre visite et qui, pour une raison ou une autre, n'avait rien à craindre…

Marcioni se taisait.

— C'est impossible, déclare-t-il nerveusement.

— Je sais que cela paraît…

— Ce n'est pas de votre théorie que je parle, coupe-t-il. Je parle de cet homme. Ça ne peut être qu'une seule personne et il est déjà sous les verrous…

— Vous avez vérifié ?

Il me regarde d'un drôle d'air, comme saisi d'un doute, avant de faire demi-tour. Je reste plantée là, au milieu de la frénésie policière, essayant de rassembler mes esprits. L'ambulance a emporté le voisin en état de choc. Des hommes en blouses blanches, gantés de caoutchouc, promènent sous les yeux effarés des profanes des appareils bizarres, des aspirateurs, des sachets en plastique étiquetés, des boîtes de toutes sortes. Marcioni téléphone depuis sa voiture. Je le vois revenir vers moi, lentement, le poids du monde sur ses épaules.

— Ils l'ont laissé sortir, déclare-t-il. Il avait pris trente ans incompressibles et ils l'ont laissé sortir.

Ses yeux, sa voix, et jusqu'à sa moustache, expriment une immense amertume.

— Vous parlez de qui ?

— De Touchet. Du fameux Touchet. Ne me dites pas que vous n'aviez pas compris, docteur…

— Le meurtrier de Marie Belmont ?

— Affirmatif. A l'heure où je vous parle, il est libre.

— Mais qu'est-ce qu'il ferait ici ?

Marcioni n'écoute plus. Je me tourne pour suivre la direction de son regard et constate que le sémillant capitaine Sedan se dirige vers nous à grands pas.

— Ne lui parlez pas de ce que je viens de vous dire, murmure Marcioni. N'en parlez à personne.

Nos regards se croisent tandis que le Têtard fond sur le vieux flic.

— Vous êtes fier de vous, Marcioni ?

Ce ton cinglant n'augure rien de bon.

— On n'a pas pu faire autrement que de le tuer, capitaine.

— Ça, je m'en fous. Ce que je veux savoir, c'est pourquoi vous avez fait appel aux services du C.I.P. ?

— Nous avons appelé le Centre conformément à la procédure, capitaine.

— Vous avez envoyé le docteur Cabral négocier seule avec un fou furieux, Marcioni.

— Mais… Je ne l'ai pas choisie en particulier, proteste Marcioni, étonné. Elle était de garde, c'est son métier.

— Non ! rétorque le Têtard d'une voix blanche. Son métier n'est pas de se faire tuer à votre place. Ce qui s'est passé est une véritable honte pour la police ! Il y aura des sanctions, Marcioni.

Il est blanc de rage. Je me sens tenue d'intervenir :

— Ecoutez, capitaine, personne ne m'a obligée à monter. Le lieutenant m'a laissé le choix.

— Ce n'est pas à vous de choisir ! martèle le Têtard. Voilà ce qu'on gagne à garder des fossiles dans la police.

Le regard perdu, Marcioni encaisse. Il n'a même pas l'air d'entendre qu'on le traite de fossile. Il a fermé les écoutilles.

De mon côté, je ne peux m'empêcher de me sentir flattée de tant d'attention. Le Têtard exagère sans doute, il panique peut-être un peu vite, mais cela me procure la délicieuse sensation d'être importante, fragile. On a ses petites faiblesses. Passé cet instant d'égarement, je mets les choses au point :

— Inutile de disserter sur ce qui aurait pu arriver, capitaine. On m'a sauvé la vie. C'est moi qui suis en faute parce que je n'ai pas pu, ou pas su, négocier. Je ne suis pas fière de moi, je vous assure.

Le Têtard esquisse une sorte de rictus. Il aurait bien voulu sourire mais il n'y parvient pas. Ses yeux gris luisent d'un éclat haineux.

— Je peux y aller, capitaine ? interrompt Marcioni. J'ai lancé des recherches sur le cadavre qu'on a découvert. Les résultats ont dû arriver.

— Allez-y, lâche le Têtard avec dégoût.

Marcioni remonte d'un pas lourd vers sa voiture. Je suis sur le point d'évoquer le cas de Touchet avec le capitaine mais, par une obscure fidélité au vieux cheval sur le retour, je me tais. Par contre, j'accepte volontiers que le Têtard m'offre un café et me raccompagne au Centre comme un bébé.

Nous arrivons sur le parking de l'hôpital peu avant l'aube. Ma voiture attend, le flic qui l'a conduite jusqu'ici est déjà reparti. Le ciel blanchit à peine quand le Têtard coupe le moteur, se penche vers moi pour m'embrasser. Je refuse de penser à autre chose qu'à ce baiser, qui se détache doucement de moi à la manière d'un lambeau de nuit.

En quelques jours, je suis devenue dépendante des caresses du Têtard. Pendant un court instant, il tient mon visage dans ses mains, très près du sien. Une mèche tombe sur mon œil mais je me laisse scruter comme si c'était la dernière fois que nous devions nous voir sur terre, comme si chacun devait imprimer les traits de l'autre dans sa mémoire. Et puis le moment s'efface, il relève la mèche, m'embrasse une dernière fois.

Je rassemble mes forces pour sortir de la voiture. C'est donc ça, l'amour ? Ce flageolement des guibolles, ce désarroi de la peau quand s'arrête la caresse ? Seulement ça ? Tout ça ? Lentement, presque sournoisement, j'ouvre la boîte à gants. La pommade s'y trouve, toute prête à servir.

— C'est quoi, ce truc ?

— …

Il m'observe, sur la défensive. Ne répond rien. J'insiste.

— Tu en as souvent besoin ?

— Tu sais bien que oui.

Je secoue lentement la tête :

— Détrompe-toi, je ne sais rien. Je ne comprends rien. Ce qui est sûr c'est qu'il faut que tu arrêtes.

— C'est trop tard.

— Ce n'est jamais trop tard. Je peux t'aider… Mais aide-toi d'abord…

Est-ce que je lui dis que je l'aime ? Est-ce que j'en suis vraiment là ? A ce stade, je ferais n'importe quoi pour le sauver.

22

Huit heures vingt-cinq. Bouchon devant l'école des enfants de Selim. Entre deux coups de klaxon, le claquement des portières rythme l'envol des gosses qui bondissent sur le trottoir en appelant les copains, laissant sur le carreau leurs chauffeurs bloqués et mécontents. Partout des parents hagards zigzaguent entre les voitures, remorquant leurs petits abrutis de sommeil. Je me gare en épi sur le trottoir avant de m'installer directement à la terrasse du premier café.

Selim descend la rue en hâte, sa dernière sur les épaules, tenant fermement la main du plus grand. La petite s'accroche à son cou au moment de franchir la porte de l'école et la directrice doit s'en mêler. Le grand, lui, a croisé trois copains et s'est engouffré avec eux dans l'établissement, sans embrasser son père qui proteste. Je regarde Selim traverser en lui faisant des signes.

— Tu as l'air d'avoir été piétinée par un troupeau de buffles, constate-t-il en m'examinant de la tête aux pieds.

— J'en ai autant à ton service, dis-je en me poussant pour lui faire de la place. Croissant ?

— Bonne idée.

— Des nouvelles du Tibet ?

— Excellentes, répond-il avec une pointe d'aigreur. Les fouilles se passent à merveille, l'équipe hollandaise qui coopère avec eux est très sympathique, et grâce à l'invention du Goretex, elle n'a plus jamais froid.

— Combien de temps encore ?

— Trois semaines.

Nous nous demandons, non sans un certain vertige, pourquoi nous ne sommes pas, nous aussi, en voyage sur le Toit du Monde en compagnie d'archéologues beaux, sympathiques et cultivés. On a dû faire une erreur quelque part. Selim consulte sa montre d'un air coupable :

— Excuse-moi, je n'ai pas beaucoup de temps. Pourquoi voulais-tu me voir ?

— J'espérais vaguement que tu saurais plus de choses que moi sur le masochisme.

— Quel masochisme ? Le petit masochisme ou la grande soumission ?

— Qu'est-ce que tu appelles la grande soumission ?

— Disons que ce n'est pas seulement se laisser attacher les mains à la tête du lit. La personne se choisit un maître ou une maîtresse dont il devient la chose, se laissant entraîner dans une spirale d'humiliations toujours plus violentes. Quelque chose d'un peu comparable aux drogues dures, si tu veux. Plus tu en prends, plus tu en as besoin. Cet homme, ou cette femme, va donc subir des traitements de plus en plus sévères jusqu'à la destruction totale…

— Cela signifie-t-il que les gens vivent comme des esclaves ?

— Oui, mais tout en prenant grand soin de le cacher. Seuls les initiés ont droit au spectacle. Pour que le jeu dure plus longtemps mais aussi pour que le maître ne soit pas inquiété.

— Comment fait-on pour rencontrer des partenaires sexuellement compétents ?

— Les relais ordinaires, des clubs, des réseaux qui fonctionnent en circuit fermé. Le secret est une dimension importante. Le conformisme le plus pointilleux sert en général de couverture.

Je songe à l'homme que j'ai croisé dans l'immeuble du cannibale. Son costume gris, ses chaussures blanches, le pli impeccable de son pantalon…

— Tu crois que dans ces clubs, on pourrait aller jusqu'à tuer quelqu'un ?

— Ça arrive plus souvent qu'on ne croit. Pas de façon préméditée mais parce que les sado-masos s'infligent de tels traitements que le corps lâche. C'est d'ailleurs leur principal objectif.

— Je croyais que le but, c'était de jouir !

— Faux, déclare catégoriquement Selim. Le but c'est de mourir. Comme le but du sadique est de tuer et non de faire jouir. Cette idée de jouissance n'est qu'un hochet, destiné à endormir nos cerveaux post-soixante-huitards…

Une lueur de gaieté s'allume dans sa prunelle noire. Ses joues mal rasées bleuissent déjà. Il a une tête d'oiseau de proie qui fera peur à ses patients toute la journée.

— Tu penses que j'exagère, n'est-ce pas ? Tu me prends pour un Arabe coincé ?

Je passe une main sur mes yeux fatigués avant de répondre d'une voix morne :

— Je crois qu'une de mes patientes est tombée dans un de ces clubs. Elle avait quinze ans. Elle a été tuée à coups de fouet et un tas d'autres trucs que je préfère ne pas te raconter.

— Tu as prévenu la police ?

— J'ai l'impression qu'un flic de mon secteur leur sert de rabatteur.

— Oh ! putain. J'espère que... ce n'est pas celui dont tu es amoureuse...

— Je ne suis amoureuse de personne.

— D'accord, d'accord, coupe-t-il avec impatience. Ecoute, on va jouer au jeu de la vérité pour une fois. Est-ce que tu préfères les femmes ?

— Non. Finalement, non. Et comme je n'aime pas les hommes non plus, ce sera l'option zéro.

Il se paie, grâce à moi, une tranche de rigolade.

— Ça n'existe pas : zéro !

— La preuve que si. Me voilà.

Je lui adresse mon sourire de parade, celui avec la fanfare derrière. Le ciel bleu de juin commence à se teinter de gris. Une rafale de vent emporte le ticket de nos consommations, Selim se penche pour le ramasser au moment où les premières gouttes d'une pluie froide s'abattent sur nos crânes surmenés. Nous nous séparons très vite, avec des phrases hachées et la promesse d'un déjeuner dans la semaine. Ça me rappelle le texte invariable des cartes postales que j'envoyais à mes parents pendant les colonies de vacances : « Il fait beau. Je vais bien. »

Une dizaine de messages attendent sur mon répondeur, rien de nouveau à cela, mais cette fois, au lieu de leur prêter une oreille distraite, je m'efforce de les écouter in extenso et de noter les noms des gens à rappeler. Chimène me cause un tel remords que je songe même à joindre son campement au Tibet.

Karine veut savoir si j'ai parlé au capitaine Sedan des papiers de Boucles d'or. Désolée, mais le seul moyen de gagner du temps est de faire la morte. Exit Karine.

Ensuite ma mère désire me parler de Rosemarie qui, selon elle, fait « de la dépression » et là encore, je dois renoncer à mes bonnes résolutions. Pas question de donner suite. Linda, la cadette, voudrait savoir comment je me sens depuis notre discussion. Elle a l'air décidée à s'occuper de moi, ce que je trouve touchant. Je note pieusement de la rappeler.

Et puis soudain, une voix de femme, inconnue, qui désire parler au docteur Cabral. Elle s'adresse au répondeur le souffle court, avec un débit précipité, si bas qu'il me faut monter le son pour comprendre ce qu'elle raconte : « Docteur Cabral, c'est pour vous dire qu'il est sorti. Je savais que ça arriverait mais pas aussi vite. Faites attention à vous. »

Clic. En repassant la bande deux ou trois fois, j'acquiers la certitude que cette voix est celle de l'ex-Mme Touchet. Je compose son numéro, en vain. La ligne n'est plus attribuée.

Qui a fait sortir Touchet et par quel micmac ? Le Têtard ? Je ne le crois pas assez influent. Paul Belmont ? Pourquoi aurait-il obtenu une telle faveur pour l'assassin de sa fille ? Pourtant le petit monsieur gris est bien Bernard Touchet. Que signifie sa présence dans un immeuble où un cannibale en plein délire exerçait ses talents ? Je ne doute pas qu'il y ait un rapport entre les deux, seulement je ne vois pas lequel.

Je repense au calme de Touchet tandis qu'il descendait l'escalier. « Bonsoir, madame », poliment. Un calme étrange, une absence d'émotion tout à fait caractéristique. En accord avec la panique qui perce dans la voix de son ex-femme, les rapports sur sa cruauté, son absence de remords.

Pas besoin d'être grand clerc pour deviner que Touchet est psychopathe. Organisé, méthodique, légèrement obsessionnel, incapable de ressentir, d'éprouver quoi que ce soit en dehors des actes de barbarie qu'il lui arrive de commettre.

Je repense à ce que son ex-femme m'a dit sur sa relation avec Belmont avant le meurtre de Marie. Est-ce grâce à lui que Belmont est entré dans le Club des Jardinières ? Et maintenant ? Vont-ils chercher à se revoir ?

Après la douche, je contemple un instant mon visage dans la petite glace rectangulaire au-dessus du lavabo. Je l'ai choisie bordée de plastique bleu et accrochée à un clou. Aujourd'hui, elle me renvoie l'image d'une fille si pâle qu'elle en devient transparente, les cheveux mouillés, plaqués sur le crâne, du même roux sombre que les yeux. On dirait la photo sépia d'une personne oubliée depuis très, très longtemps, quelqu'un dont on se demande si elle a jamais existé.

Je noue la ceinture de mon peignoir et compose le numéro du docteur Ackelbauer, chez qui j'ai annulé trois rendez-vous en quinze jours. Le cher homme a dû comprendre que quelque chose me tracasse car la secrétaire me le passe sans me laisser le temps de dire autre chose que mon nom.

— Allô ? Cher confrère… Comment allez-vous ? On a des petites angoisses en ce moment ?

En tant que spécialiste des malformations des organes génitaux, le docteur Ackelbauer se pique de psychologie. Je juge, quant à moi, qu'il a quelques progrès à faire et déteste tout particulièrement qu'il me traite de « confrère ».

— Non… Euh… Oui… Enfin… Je me demande s'il ne serait pas temps de…

— … De penser à l'opération ? Bien sûr. Je savais que vous y viendriez. Vous ne pouvez pas continuer à vivre comme un pur esprit. C'est tellement dommage…

Que puis-je répondre ? Si quelqu'un ne se fait pas d'illusions sur ma vie sexuelle, c'est bien le docteur Ackelbauer. Pendant ma puberté — ô combien tardive et discrète —, il a épié chaque signe indiquant que je me déterminais dans un genre ou dans l'autre. Il a conséquemment encouragé, à coup d'hormones appropriées, chaque millimètre de seins poussant sur mon torse mince. Quand les carottes furent cuites et que je pus me targuer d'un honorable 80 bonnet B, il a quasiment brûlé un cierge à la synagogue. Je venais de rejoindre officiellement les rangs des objets sexuels. Champagne.

Ces rendez-vous, auxquels ma mère assistait (en larmes au bout de dix minutes), étaient un vrai supplice. Dès qu'il n'y eut rien de plus à tenter, rien d'autre à espérer qu'une opération, je m'abstins autant que possible de voir le docteur Ackelbauer. Hélas, affronter un autre médecin, même pour une entorse, s'est avéré au-dessus de mes forces. Je le consulte donc environ une ou deux fois par an, en prenant toujours un petit Lexomil avant.

— Ecoutez, ma grande, vous n'allez pas tourner autour du pot cent sept ans. Vous n'êtes plus une gamine. Il n'y a aucun risque. On pratique des interventions beaucoup plus compliquées de nos jours. Allez, je vous prends rendez-vous pour demain, nous appellerons le chirurgien ensemble. C'est un type bien, vous verrez.

Pétrifiée d'angoisse, incapable de répondre ni oui, ni non, je balbutie quelques phrases vagues. Neuf ans d'analyse m'ont au moins appris que me faire opérer c'est renoncer à être aimée telle que le Bon Dieu m'a faite. Peu importe qu'il m'ait ratée. Au fond, ce que j'ai toujours désiré, c'est que ma mère cesse miraculeusement de pleurer, qu'elle me trouve belle et formidable. Qu'elle n'ait plus honte.

Pourtant, il faut grandir et arrêter de rêver. Ma grande chance est d'avoir un handicap discret. Je peux même, pour le prix d'une opération, faire définitivement semblant. Il suffit de courber l'échine, d'accepter l'imposture et de céder.

Une demi-heure après avoir raccroché, en sueur, prête à vomir, je rappelle le cabinet pour annuler le rendez-vous. Cette fois, la secrétaire ne dérange pas le docteur Ackelbauer. Elle aussi doit me juger décourageante.

Tel un torrent bondissant à travers les alpages, mon existence reprend immédiatement son rythme guilleret. On a assez daubé, les uns et les autres, sur ce minuscule problème sans intérêt. Je n'ai plus faim ni sommeil et mon état de nerfs nécessite un peu d'action. En fin de matinée, je me gare devant la morgue.

Dérouté par ma minijupe en vinyle rouge et blouson assorti, le médecin légiste ne me reconnaît pas immédiatement. Une fois remis de sa surprise, il me félicite d'être encore en vie après l'équipée de la nuit dernière, ce dont je le remercie.

Lors de notre dernière rencontre, j'étais tellement choquée de découvrir le corps de Jennifer dans un casier que je n'avais pas pris le temps de l'observer. Il faut dire que son attirail, masque, bottes, gants, tablier, ne laissait pas deviner grand-chose de sa personne. Sans ses accessoires, il se présente comme un homme d'une cinquantaine d'années, affable, curieux, avide de nouvelles rencontres.

— Vous venez le voir ?

— Qui ?

— Le cannibale, bien sûr ! Je n'ai pas encore commencé l'autopsie mais je compte bien envoyer des lamelles de son cortex au laboratoire I.N.S.E.R.M. qui vient d'ouvrir à Créteil.

— La nouvelle unité de recherche sur les maladies psychiatriques ?

— Vous en avez entendu parler ? Passionnant, non ?

— Certainement, coupé-je pendant qu'il reprend sa respiration, mais ce n'est pas le cannibale qui m'intéresse, c'est le cadavre qu'on a découvert chez lui.

— Eh bien, vous n'êtes pas dégoûtée ! Il est à moitié dévoré. Enfin, vous avez de la chance, j'ai fini de travailler dessus. Attendez, je prends le dossier et on va lui rendre visite.

— Est-ce que vous pourriez prendre aussi celui de Jennifer Barbet ? Je voudrais comparer les deux cas.

Il marque une pause, de plus en plus surpris :

— Vous pensez qu'il existe une relation entre les deux meurtres ? Il ne me semble pas avoir décelé quoi que ce soit en ce sens.

Nous nous rendons dans la chambre froide où le cadavre qui m'intéresse occupe un de ces lugubres tiroirs chromés. Le légiste tire la poignée, l'homme apparaît, son étiquette numérotée accrochée à son unique pied. L'autre, celui qui a atterri sous une mobylette, est enveloppé dans un sachet transparent et posé sur le côté, dûment étiqueté lui aussi.

Autant expliquer aussi précisément que possible ce que j'ai en tête :

— Ce ne sont pas les mutilations post mortem qui me préoccupent, docteur. Celles-là, on sait qui les a effectuées. Ce que je voudrais déterminer avec vous, c'est la cause exacte de la mort.

— Arrêt cardiaque.

— Suite à quoi ?

— Difficile à dire avec précision. Le cadavre est très

abîmé et la mort remonte à presque huit jours. Je peux quand même affirmer que cette mort n'était pas naturelle. Il est resté longtemps suspendu par le torse, les mains dans le dos avec une cagoule de cuir. J'ai identifié des microfibres et des lésions caractéristiques sur l'épiderme. De plus, le cuir a permis de protéger certaines parties de son corps, alors que le reste est couvert d'hématomes. On peut en déduire sans trop de risques qu'il a été violemment battu pendant qu'il était suspendu et attaché.

Je l'écoute tout en parcourant le dossier. Ce que j'y lis confirme ma théorie.

— Je vois que la police l'a identifié...

— Un honnête père de famille ! confirme le légiste navré. Un cadre supérieur ! Il travaillait à Saint-Quentin-en-Yvelines. Sa femme avait l'habitude de le voir rentrer tard mais elle le soupçonnait d'avoir une maîtresse. Quand il lui a téléphoné qu'il partait en séminaire pour deux jours, elle s'est arrangée pour piéger la secrétaire et elle a compris que le séminaire n'était qu'une excuse. A la fin du week-end, comme il ne revenait pas, elle a contacté un avocat pour entamer une procédure de divorce. Il lui a conseillé de signaler la disparition pour faire jouer l'abandon du domicile conjugal.

J'examine pensivement le cadavre mutilé avant de poser la question qui me tient à cœur :

— Je ne suis pas spécialiste de la question mais... pensez-vous que cet homme ait pu être masochiste ? Il se serait donné du bon temps et les choses auraient mal tourné.

En tout bon légiste veille un détective et le mien ne fait pas exception. Il s'empare du dossier et se plonge dans ses notes en faisant appel à ses souvenirs. De temps en temps, il se reporte à une plaie précise, extirpe une loupe de la poche de sa blouse pour en examiner les bords.

— Quel dommage que vous ne soyez pas venue plus tôt ! Il faudrait presque recommencer à zéro ! Mais… je pense que oui ! Certainement ! Cela explique toute cette sudation, les traces de sperme sur les cuisses. J'ai demandé un test d'A.D.N. mais je n'ai pas encore les résultats…

— Docteur… Est-ce qu'il n'y aurait pas une correspondance entre le traitement que cet homme s'est laissé infliger, sans doute de son plein gré, et celui de Jennifer Barbet ?

Le légiste secoue la tête un air dubitatif :

— Je me demande si vous n'allez pas un peu loin, commence-t-il. Jennifer a été victime de plusieurs sadiques. Elle est morte assez vite mais les sévices se sont poursuivis longtemps après le décès. A mon avis, ses tortionnaires ne se sont pas rendu compte qu'elle était morte…

— Dans les deux cas, on relève l'usage de chaînes, de fouets, ainsi que d'une cagoule en cuir.

— C'est exact, reconnaît-il en plongeant dans ses dossiers. Attendez, on a peut-être mieux que ça. Lisez là… Dans le cas de Jennifer, le laboratoire d'analyses a conclu que le lieu de séquestration devait avoir un plafond bas, friable, sans trace de peinture. Or j'ai moi-même décelé sur le crâne de cet homme, au niveau des lobes frontaux, des particules de ciment collées par le cuir et la sueur.

— C'est tout de même un indice !

— A condition de comparer les deux prélèvements de poussière, précise-t-il. Je n'y aurais jamais pensé parce que les deux cas n'ont a priori rien à voir, mais cela pourrait se révéler déterminant. Vous croyez que le cannibale les a tués tous les deux ?

— Certainement pas. Je suis convaincue que le cannibale devait être nécrophage. Il ne tuait pas lui-même ses victimes. Sa pathologie n'avait rien à voir avec celle des tortionnaires méthodiques et organisés de ces deux victimes. Regardez la façon brouillonne, sauvage même, dont il a dépecé le corps…

— Il n'a quand même pas découvert son cadavre dans un talus ! proteste le légiste.

J'y vais de ma nouvelle hypothèse :

— Qui sait si ce cannibale ne représentait pas un moyen pratique de se débarrasser de certains corps un peu encombrants ?

— Une poubelle en quelque sorte ?

— Une poubelle qui pourrait porter le chapeau en cas de problème, c'est drôlement commode…

— Ce que je peux faire, déclare pensivement le légiste, c'est orienter mon autopsie différemment.

— Comment cela ?

— Eh bien, par exemple, je vais essayer de déterminer lequel de ces sévices a provoqué l'arrêt cardiaque et si on peut établir un rapprochement avec ceux qui ont tué Jennifer Barbet… Il y a peu de chances pour que je parvienne à des résultats probants mais j'ai envie d'essayer…

Je lui donne mon numéro de portable et nous nous quittons, enchantés l'un de l'autre. Même si je dois attendre son coup de fil pour confirmation, je suis certaine d'avoir découvert pourquoi Touchet se trouvait dans l'immeuble ce soir-là. Il a apporté un cadavre au cannibale pour s'en débarrasser. Dommage pour lui, l'état psychique du bonhomme s'était détérioré depuis leur dernière rencontre, et son délire avait passé les bornes. On peut tout de même imaginer que Touchet s'est amusé du spectacle avant de quitter les lieux…

Je calcule que Touchet a été libéré (ou placé en

liberté conditionnelle, peu importe) le lendemain de mon entretien avec Paul Belmont au Centre. Se peut-il qu'il y ait un rapport entre ce dont nous avons parlé ce jour-là et la libération de Touchet ? Je ne me souviens que du danger, réel ou fantasmatique, que Manuel a prétendu courir dans sa propre maison. La demeure de Belmont abrite-t-elle le Club des Jardinières ? Un homme public peut-il prendre un tel risque ? Peu probable mais à vérifier.

Par contre, je ne peux plus douter de l'identité du mystérieux Monsieur Propre qui me « cherche » depuis quelques jours. Qui lui a parlé de moi ? Comment a-t-il appris mon existence au fin fond de sa prison ? Parmi les réponses possibles, le nom du Têtard revient sans arrêt. C'est bien ce qui me rend malade.

23

— Bonjour, Manuel !

— Véra !

L'enfant sort en hâte de la piscine. Je le regarde courir vers moi, maigre et bronzé. Bébé, enduite d'une épaisse couche d'écran total, se lève pour m'accueillir. Ils me semblent terriblement vulnérables au milieu de cette grande pelouse sur laquelle plane une ombre lugubre.

— Vous êtes seuls ? demandé-je.

— Non. Laure est au salon.

— Laure Pascal ? La… journaliste ?

— Oui, répond Bébé en évitant mon regard.

Tiens, tiens. L'insondable naïveté de Bébé commencerait-elle à se fissurer ?

— Paul Belmont est ici ? J'ai rendez-vous avec lui.

— Il n'est pas rentré.

— Ah ? Je l'avais pourtant prévenu que je passais prendre Manuel.

Je remarque sur le visage de Bébé une expression triste et préoccupée, presque vieille.

— Qu'est-ce qui se passe, Bébé ?

— C'est l'autre peau de vache, docteur. J'ai besoin

de travailler, comme tout le monde, mais ça devient intenable avec elle dans la maison…

— Vous parlez de la nouvelle amie de M. Belmont…

— Je ne sais pas si elle est tellement nouvelle, affirme Bébé avec un ricanement.

— Moi non plus je l'aime pas, déclare doucement Manuel, mais papa est plus gentil depuis qu'elle est là.

— C'est vrai, renchérit Bébé. Heureusement qu'il y a M. Belmont sinon je serais déjà partie…

Pendant que nous ramassons les affaires de piscine, j'observe Bébé du coin de l'œil. Avec son tee-shirt trop court qui découvre son ventre rond, ses cuisses blafardes et ses joues d'enfant, elle me rappelle étrangement Jennifer. De la chair fraîche et innocente. Or je ne veux plus courir le moindre risque.

— Vous ne pouvez pas rester ici, Bébé. J'appellerai M. Belmont. Ça ne vous fera pas de mal de prendre quelques jours de vacances…

— Mais, docteur, vous ne vous rendez pas compte ! s'écrie-t-elle avec inquiétude. S'il décide de me vircr, je fais quoi ?

— Ecoutez, Bébé… Vous partez avec moi tous les deux… Vous ne restez pas ici. Vous voyez ce que je veux dire ?

Elle me regarde, étonnée du ton sec que j'ai adopté, mais ne proteste plus. Elle a assez d'instinct pour déceler l'odeur de pourriture qui se dégage de cette demeure.

— Avant de partir, je voudrais que tu me fasses visiter la maison, dis-je à Manuel. J'ai apporté mon appareil, on va faire des photos…

Je prends un Polaroïd de lui devant la piscine, puis en train de courir sur la pelouse poursuivi par Bébé. Il s'amuse beaucoup de voir l'image apparaître peu à peu sur le petit carré noir bordé de blanc. Je m'arrange pour qu'on passe par la porte de service, celle qui donne dans la cuisine.

Je désigne une porte sur le côté :

— C'est la cave ?

— Non, la buanderie. Les machines pour le linge et tout ce genre de trucs. La cave, c'est par là…

Ils m'emmènent à travers un petit couloir, ravis de me faire visiter. Je prends une photo de la cave, vaste salle aux murs tapissés de bouteilles de vin aux étiquettes prestigieuses. Les traces de moisissure verdâtre sur le sol ainsi que les toiles d'araignée témoignent que la vidéo des Jardinières ne peut pas avoir été tournée à cet endroit. On n'y a pas assassiné Jennifer non plus.

— Il existe un autre sous-sol dans la maison ?

Ils secouent la tête.

— Non, mais on a un grenier ! ajoute fièrement Manuel.

Avec ses poutres apparentes, son plancher de chêne et la lumière d'été filtrant à travers les persiennes des mansardes, le grenier sort tout droit d'un magazine de décoration. Rien de commun avec ce que je cherche. Il me faut donc admettre que la piste s'arrête là : pas de trace de Touchet, ni de son club, chez Belmont. Ce qui n'empêche pas la mort de planer, plus féroce que jamais.

Dans la chambre de Manuel, tandis que Bébé jette en hâte quelques vêtements dans un sac, je conseille au petit garçon d'emporter ses jouets préférés. Je n'ai aucune idée de ce que je vais faire de lui mais je ne peux pas le laisser ici. Pas avec ce que je sais de Laure Pascal, pas après ce que j'ai vu. Il faut faire vite. Mon instinct me souffle que l'occasion ne se représentera pas.

— Qu'est-ce que vous fabriquez dans cette chambre ? demande soudain une voix haut perchée.

Laure Pascal vient d'apparaître sur le seuil, semblable

à la mauvaise reine des contes de fées. Des yeux d'un bleu de porcelaine, un petit visage dur qui a dû être ravissant, des cheveux blonds très courts, des talons hauts, une jupe droite assez sage. Je lui réponds avec une assurance affable :

— J'emmène Manuel. M. Belmont m'avait fixé rendez-vous mais…

— Paul n'avait aucun rendez-vous cet après-midi.

— Alors je mens et je suis en train de kidnapper le petit.

— Je ne sais pas ce que vous faites, grince-t-elle, mais Manuel reste ici jusqu'à ce que Paul rentre. Il est sous ma responsabilité.

Cette femme représente un cas passionnant. Elle n'a aucun droit sur Manuel mais son pouvoir l'obsède à tel point qu'elle l'exerce sans discernement. Elle en oublie que je ne suis pas obligée de lui obéir. Une névrose pas si rare. Je sors mon portable de mon sac.

— Capitaine Sedan ? Docteur Cabral.

C'est bien la voix grave du Têtard, heureusement surpris de m'entendre, un demi-sourire perceptible. Je conserve un ton froid et harassé.

— Capitaine, ça ne peut pas continuer. Je vais demander un contrôle de la D.D.A.S.S. en urgence pour le petit Belmont. Il est séquestré par la maîtresse de son père…

— Qu'est-ce que vous racontez ? beugle Laure Pascal. Vous êtes dingue ?

La main sur l'écouteur, j'adresse un sourire mielleux à la furie blonde dressée sur ses ergots :

— Vous permettez ? C'est une conversation privée…

Et puis au capitaine :

— Je n'ai pas toute la journée devant moi. Si ce cas ne se règle pas sur-le-champ, j'appelle Police-Secours.

— Je te dis de me passer cette femme, coupe-t-il, nettement moins sympa tout à coup.

Je fais mine de m'étonner :

— Vous connaissez cette personne ?

— Oui.

Exaspération contenue. Abasourdie par mon arrogance, la blonde attend visiblement que le capitaine rabatte mon caquet. Seulement, je n'en ai pas fini avec lui.

— Attendez un instant, capitaine. Vous connaissez cette personne et vous n'avez pas prévenu le Centre ? C'est grave. Si l'enfant cohabite avec la maîtresse de son père une semaine après la mort de sa mère, nous sommes en droit de…

— Véra, arrête.

Je n'ai pas véritablement le choix, Laure Pascal m'a arraché le téléphone des mains.

— Qui est cette conne ? hurle-t-elle.

Elle n'a pas le loisir de continuer, le capitaine a des confidences à lui faire. Plantée au milieu de la chambre, j'en profite pour lui tirer le portrait.

Clic ziouououp, fait le Polaroïd.

— Ça ne va pas, non ?

Son cerveau doit être aussi primitif que celui d'une murène. J'entends le Têtard élever la voix au bout du fil.

— Elle me prend en photo ! braille Laure Pascal. C'est une atteinte à ma vie privée !

Encore un peu et elle va nous péter les vitres avec sa voix. La réponse du Têtard n'a pas l'heur de lui plaire car elle fracasse le téléphone contre le mur.

— Vous m'enverrez la facture, lance-t-elle en tournant les talons.

A quoi je réponds sans me démonter :

— Je préfère un chèque tout de suite.

Ainsi soit-il. Mon chèque dans une main, Manuel dans l'autre, je monte en voiture. Officiellement nous allons assister à la séance de cirque qui se déroule aujourd'hui dans l'enceinte de l'hôpital. En réalité, je ne le ramènerai pas dans cette maison tant que je n'aurai pas mis les choses au clair avec Belmont. Bébé enfile son blouson en hâte et quitte les lieux sans se retourner. Je distingue la silhouette de Laure derrière les vitres du salon et ne résiste pas au plaisir de lâcher deux coups de klaxon avant de démarrer. En franchissant le portail, je me demande pourquoi Paul Belmont n'est pas venu au rendez-vous qu'il m'avait fixé. Car, au fond, tout bien considéré, je suis assez franche. En tout cas, sur ce point, je n'ai pas menti.

Mon père ouvre la porte, chose assez rare pour être notée dans les annales.

— Salut, papa ! T'es pas en cours ?

Professeur de maths au lycée technique Saint-Nicolas depuis vingt ans, le cher homme bénéficie de nombreux loisirs mais je ne m'attends quand même pas à le trouver à la maison en pleine journée.

— Ma pauvre fille, répond-il avec accablement. Dans quel monde vis-tu ? Le commun des mortels sait reconnaître un jour de semaine d'un samedi, toi pas.

— Eh oui ! Toujours un pied en l'air…

— C'est le petit dont tu nous as parlé ? demande-t-il avec intérêt. Bonjour, jeune homme.

— Et ça, c'est Bérangère dite Bébé, son ange gardien.

— Vous inquiétez pas, monsieur, explique Bébé avec bonhomie, je ne suis pas encombrante et je sais donner la main quand il faut…

Malgré son sourire, mon pauvre père garde un air

chiffonné qui ne lui ressemble pas. Je remarque alors qu'au lieu de me sauter au cou avec leur énergie habituelle, mes neveux me gratifient d'un sourire poli.

— Mamita est avec maman, annonce Judith. Elle pleure parce que papa est parti.

— Avec une dame, précise son frère, cinq ans.

Je les quitte aussitôt et entre sans frapper dans la chambre de Rosemarie.

— Tu as vu ce qu'il me fait, ce salaud ? hoquette-t-elle en me voyant entrer. Et avec cette pétasse !

— Maxence nous a annoncé qu'il allait vivre avec la prof de gym, explique solennellement ma mère.

— Maxence ?

— Tu vois ! Toi aussi tu as du mal à y croire !

J'étais persuadée que la famille lui avait coupé les organes virils depuis longtemps, à Maxence. Certains résistent parce qu'ils possèdent un modèle en acier trempé (et là : respect !) mais la plupart ne durent pas. Jamais encore, il ne m'avait été donné d'observer le spécimen très particulier de la couille-chewing-gum-qui-plie-mais-ne-rompt-pas.

— Le gentil Maxence, éructe ma sœur, une saleté de menteur, oui ! Un hypocrite ! Tout doux, toujours prêt à faire plaisir…

Elle fond en larmes. J'échange un long regard avec ma mère qui s'attend visiblement à ce que je fasse rentrer la brebis galeuse au bercail, ou quelque chose d'à peu près aussi improbable. Pourtant, je me targue d'une inefficacité absolue dans les problèmes familiaux. Mais ma mère a une mémoire poreuse. Ou alors, elle estime que je ne peux pas être à la fois handicapée physique et mentale. Elle ne garde donc en mémoire que mes (rares) hauts faits et conserve une foi aveugle dans mes capacités intellectuelles censées surpasser celles de mes frères et sœurs. C'est assez désobligeant pour eux, mais ma mère ne s'embarrasse pas de ces détails. Ce qui compte c'est que je brille, brille, brille. Ça lui permet d'oublier.

— C'est moi qui aurais dû le plaquer, brame Rosemarie. Moi ! Pas lui ! Pas avec cette pouffe !

— Tu la connais ?

— Elle travaille dans la même école que nous, qu'est-ce que tu crois ? Lundi, on sera aux premières loges, les enfants et moi ! D'ailleurs, je suis sûre qu'elle veut la maison !

— Mais de quoi tu parles ? Elle a à peine quatre murs, ta maison ! C'est le bonhomme qui l'intéresse. Il est bien, ton mari…

— C'est ce que je lui dis toujours, intervient ma mère. Ménage ton mari, ma fille, il n'est pas si mal. Chouchoute-le.

— Mais qu'est-ce que vous voulez, toutes les deux ? crie Rosemarie. Ma mort ?

Les larmes de Rosemarie me bouleversent. Je me sens démunie, prête à tenter n'importe quoi pour que revienne son agressivité coutumière. J'accepte sans me faire prier d'appeler Maxence, promets tout ce qu'on veut, répète mot pour mot ce que je dois lui dire plus quelques suggestions humoristiques qui ont le don de la faire sourire.

Je la quitte un peu rassérénée. Ma mère trotte derrière moi jusqu'à la porte d'entrée.

— Tu sais, le docteur Ackelbauer m'a téléphoné. Tu lui as fait beaucoup de peine.

— Maman…

— Non, vraiment. Je comprends très bien que tu ne te décides pas à te faire opérer, mais lui retirer ton dossier comme si c'était un moins que rien !

— Pardon ?

— Il dit que jamais un patient ne l'a traité de cette

façon. Entre nous, tu n'étais pas obligée de le prévenir que tu te faisais soigner ailleurs…

— Je ne vais pas ailleurs, maman. C'est mon unique médecin.

— Pourquoi as-tu récupéré ton dossier dans ce cas ?

— Je n'ai pas récupéré mon dossier.

Ma mère m'observe un instant, pleine de doute :

— Ce n'est pas ce qu'il prétend. Il a reçu une lettre de toi ce matin lui annonçant que tu changeais de médecin et lui demandant de renvoyer ton dossier. Il a été si blessé qu'il s'est exécuté sur-le-champ. Et puis, il m'a téléphoné pour m'avertir qu'il ne voulait plus entendre parler de toi. Je te rappelle qu'il te soignait depuis ta naissance, ma chérie. Tu lui dois beaucoup…

Je ferme les yeux une seconde, espérant que ce n'est qu'un cauchemar, que je vais me réveiller un dimanche matin dans mon lit, au soleil. Quand je les rouvre, ma mère darde toujours sur moi son regard de martyr.

— Je vais l'appeler, dis-je en ouvrant brusquement la porte. C'est sûrement un malentendu.

Je me jette dans l'escalier, ce qui ne l'empêche pas de me lancer par-dessus la rampe :

— Je lui ai dit que tu allais te marier ! C'est pour ça que tu hésites à te faire opérer. Ton fiancé n'est peut-être pas d'accord…

Je rate une marche et m'écroule bruyamment sur le palier du troisième. Ma vie n'a pas toujours été comme ça. C'est une phase, juste une phase.

24

L'enterrement de Jennifer tire à sa fin. Je me glisse sans bruit au fond de l'église, observant l'assistance nombreuse et recueillie autour du cercueil couvert de fleurs blanches. Famille et voisins se sont déplacés en masse, trop de monde pour que je puisse aborder discrètement les parents. Le cortège s'étire jusqu'au cimetière, déplacé au moment de la construction de l'aéroport Charles-de-Gaulle et qui occupe désormais un immense espace en rase campagne, sans un arbre, sans un brin d'herbe, juste marbre et béton.

La foule s'ébranle lentement dans les allées. Le père porte un costume bon marché avec des Adidas. Je croise son regard pendant qu'on descend le cercueil dans la fosse. Il ne détourne pas les yeux. Je sais qu'il viendra me parler.

Les premières pelletées de terre déclenchent une nouvelle fois le film de ma rencontre avec Jennifer, des images brèves des pansements sur son visage, le trajet dans la nuit jusqu'au commissariat, le retour au Centre. Bonne nuit, Jennifer, à demain.

M. Barbet quitte soudain le cortège pour me rejoindre sous une grande croix de granit noir. Je le regarde s'approcher, un peu sur la défensive, mais la mort de sa fille a changé la donne. Ce n'est plus tout à fait le même homme qui me sert la main :

— Merci d'être venue, bredouille-t-il.

— Je ne pouvais pas faire autrement. Jennifer m'avait…

— Je sais ce que vous pensez, coupe-t-il d'une voix à peine audible. Vous pensez que c'est de ma faute. Et c'est vrai. Si j'avais été moins con, ça ne serait pas arrivé.

— Monsieur Barbet, je crois que les deux crimes, le viol et le meurtre, n'ont rien à voir l'un avec l'autre. C'est pour ça que je suis venue. Votre voisin n'a pas tué votre fille.

— C'est pas ce que disent les flics.

— Les flics croient ce qui les arrange.

Il me fixe sans comprendre. Englouti dans un océan de remords et de chagrin, il n'a plus assez d'oxygène pour saisir la signification exacte de ce que je viens de dire.

— Ce que j'essaie de vous expliquer, monsieur Barbet, c'est que le meurtrier a simplement profité de la situation. Une victime isolée, en conflit avec sa famille, un coupable potentiel parmi les proches, tout cela représente une parfaite opportunité pour un tueur à l'affût.

— Mais comment pouvait-il savoir qu'on n'était pas d'accord avec elle ?

— C'est ce que je voulais vous demander. A qui avez-vous parlé quand vous êtes allé au commissariat ?

— On n'est pas allés au commissariat ! C'est un policier qui nous a parlé au téléphone mais on ne l'a jamais vu pour de bon.

— Jeune ou vieux ?

— Jeune.

— C'est lui qui vous a expliqué vos droits et comment

la récupérer au Centre avant que la D.D.A.S.S. intervienne ?

— Oui. Il avait l'air de trouver que Jennifer était ridicule et que… pardon, excusez-moi, docteur…

Il sanglote si fort que ses amis, engoncés eux aussi dans leurs costumes, me lancent des regards torves.

— Monsieur Barbet, je vous en conjure, ne vous excusez pas, ce n'est pas de votre faute…

— Le flic, au téléphone, il nous a raconté ce qu'on voulait entendre, vous comprenez ? Que vous lui aviez monté la tête à Jennifer…

— Ah.

Je sors mon paquet de cigarettes.

— Ça vous dérange si je fume ?

— J'en prendrais bien une moi aussi, croasse-t-il en reniflant.

Le temps de l'allumer et de tirer la première bouffée, il reprend ses esprits.

— Le flic nous a expliqué que ça pouvait s'arranger si on allait tout de suite la chercher au Centre…

— Et après ? Quand vous êtes rentrés à la maison ?

— J'étais furieux après elle, docteur. Je ruminais qu'elle était encore plus folle que ce qu'on croyait, et méchante avec ça. Je l'ai enfermée dans sa chambre. De cette façon, il ne pouvait plus rien lui arriver, vous voyez… C'est seulement quand l'assistante sociale est venue la voir que je l'ai laissée sortir.

— Quelle assistante sociale ?

— Eh bien, je sais pas. Elle a dit que c'était consécutif à la plainte pour viol, qu'ils vérifiaient toujours…

— Vous avez parlé de cette femme aux policiers ?

— Oui. Ils ont dit que c'était vous qui l'aviez envoyée, ou la D.D.A.S.S.…

— Mais le Centre n'a jamais envoyé d'assistante sociale chez vous, monsieur Barbet ! C'est peut-être cette femme qui a enlevé votre fille. La police n'a pas essayé de la retrouver ?

Il est désemparé.

— Je ne sais pas. Ils prétendent qu'ils enquêtent mais comme ils ont déjà arrêté Roger, je vois pas trop ce que ça peut donner…

Je n'écoute plus, trop occupée à fouiller dans mon sac parmi les Polaroïds que j'ai pris chez Belmont.

— C'est cette femme ? demandé-je en lui brandissant sous le nez la photo de Laure Pascal.

Il examine brièvement le cliché.

— Non. L'assistante sociale était brune.

Je plonge à nouveau dans les profondeurs de mon sac, déniche un feutre noir et dessine la perruque brune et lisse des Jardinières par-dessus les cheveux blonds de Laure Pascal. Je barbouille aussi les jambes minces pour figurer un pantalon.

M. Barbet juge l'effet saisissant.

— Alors là, c'est exactement la même bonne femme ! s'exclame-t-il, sidéré.

Autour de nous, le cercle des amis qui piétinent en l'attendant s'est rapproché. J'ai appris ce que je voulais savoir et je détiens une preuve, ou l'ombre d'une preuve, en tout cas le début de quelque chose.

— Un dernier point, monsieur Barbet, dis-je, embarrassée. Pouvez-vous me rendre un service ?

Il écrase son mégot dans la poussière :

— Allez-y.

— Ne parlez pas de moi à la police. Ni de moi, ni de la photo, ni de ce que vous m'avez raconté. Rien. Dans quelques jours, je vous recontacterai et nous irons faire une déposition dans un autre commissariat.

Je l'abandonne à son chagrin, m'éloignant rapidement à travers ce champ de croix et de fleurs en plastique.

Retour à la maison, titubante de fatigue. Je ne suis pas de garde avant le lendemain soir, ce qui me laisse vingt-quatre heures pour me refaire une santé. Il m'en faudrait le double mais ce n'est pas le moment de se montrer difficile. Avant de sombrer dans le sommeil, je compose une fois de plus le numéro du docteur Ackelbauer. Je suis certaine que le vieux filou cherche à faire pression sur ma famille pour me pousser à l'opération et que ses jérémiades ne sont qu'une forme de chantage affectif. Au bout de quelques minutes de conversation, il apparaît que je me trompe complètement : le docteur Ackelbauer ne se livre à aucune manipulation. Simplement, il n'a plus mon dossier.

La totalité des documents ultraconfidentiels en sa possession (radios, photos, analyses et traitements) a été envoyée à ma nouvelle adresse, rue des Carmes.

Je raccroche, en proie à un sentiment d'horreur totale. Le Têtard est donc au courant. Pire que cela, le Têtard a vu. Il sait. La panique inonde mes tripes comme une mauvaise colique. Mon secret n'est plus un secret. Je ne peux plus vivre.

Les minutes s'écoulent, peut-être même une heure. Je me rends compte que je pleure aux larmes froides le long de mon cou, jusque dans l'ouverture de ma chemise. J'allume une cigarette et la fume jusqu'au filtre, sans faire un autre geste que celui, mécanique et lent, de l'avant-bras vers ma bouche et retour. Peu à peu, telle une marée noire, l'envie de mourir reflue, découvrant une plage jonchée de sentiments amers et d'abjects regrets.

Il doit y avoir un tas de flics dans Paris que ma petite histoire va beaucoup intéresser, et à peu près autant de juges et d'avocats. Je ne vais pas me gêner pour leur raconter tout ce que j'ai appris ces dernières semaines. Malgré tout, la priorité absolue, l'urgence, l'idée fixe, c'est de rétablir dans mes relations avec le Têtard un rapport de forces un peu moins défavorable. S'il détient mon dossier médical, il faut qu'en retour j'aie la bombe atomique.

Je retrouve sans difficulté le numéro de téléphone du professeur qui a appuyé en vain la plainte d'un élève dans le dernier lycée où a sévi le père du Têtard. Je l'ai relevé en consultant les archives, ne pouvant qu'espérer qu'elle n'aurait pas déménagé.

— Madame Vassor ?

— Oui ?

— Docteur Cabral à l'appareil. Je voudrais vous interroger dans le cadre d'une enquête concernant un de vos anciens collègues…

— Sedan ? coupe-t-elle.

— C'est exact.

— Ça fait des années que j'attends ça ! s'exclame-t-elle. Il fallait bien que ça sorte un jour !

— En effet. Auriez-vous un moment à m'accorder, chère madame ?

— Bien sûr. Tout de suite si vous voulez. Je suis à la retraite…

Mme Vassor habite derrière Ménilmontant, une de ces tours qui poussent de guingois le long de rues tortueuses. Elle a pris sa retraite depuis deux ans seulement et reste très investie dans la vie de l'arrondissement.

— Je fais partie d'une association qui donne des cours de rattrapage scolaire, m'explique-t-elle. On me paie en nature avec un Tupperware de couscous, des gâteaux, une bonne part d'un plat de colombo ou de riz sauce arachide. Moi qui ai horreur de faire la cuisine, j'ai l'impression d'aller au restaurant tous les jours.

Elle porte ses cheveux blancs coupés court autour d'une figure ronde. Son corps épais est sanglé dans un jean et une chemise bleue assortie, pas de maquillage, des sandales plates, des mains carrées. Une branche des lunettes qui abritent son regard terne tient avec un morceau de scotch. Je me félicite d'avoir apporté une bouteille de bon vin pour souligner le caractère informel de ma démarche.

— Ça tombe à pic ! déclare-t-elle en admirant l'étiquette. On va prendre un verre sur le balcon, vous allez voir comme c'est agréable à cette heure-ci…

Le soleil décline au-dessus des toits des H.L.M. Malgré la quantité d'adrénaline circulant dans mes veines, je parviens à admirer le ciel rose pâle.

— Alors ? entame Mme Vassor. Vous vous êtes décidés à coincer ce taré ?

— Nous n'en sommes pas encore là, protesté-je prudemment, le fait que son fils soit entré dans la police nous complique un peu la tâche.

— Le petit Thomas dans la police ?

— Vous le connaissiez ?

— Oh, à peine ! Je l'avais comme élève en cinquième mais je l'ai perdu de vue ! C'était un gosse tellement intéressant, tellement gentil… Je ne sais pas comment il a survécu à tout ça.

— A quoi précisément ?

— A… « l'accident » de son père… qui n'était pas un accident, bien entendu. Mais personne n'a rien fait. On a laissé cet enfant se débrouiller… Surtout après que… Enfin, vous savez bien.

Je me tortille un peu sur mon fauteuil en toile :

— Ecoutez, je crains de n'avoir rien compris au contraire. Les rapports de l'Education nationale sont très obscurs. La seule chose dont je sois certaine c'est que M. Sedan demeure, malgré son âge, un homme dangereux. Je l'ai examiné et je suis formelle sur ce point.

— Vous avez examiné Sedan ? répète-t-elle d'un air dubitatif. Il a dû beaucoup baisser ! De mon temps, vous n'auriez pas pu prétendre une chose pareille. Ni vous, ni personne d'ailleurs.

— Pourquoi ?

— Parce qu'il était aussi dangereux qu'un chien enragé. On n'a jamais pu le coincer et je vous prie de croire que ce n'est pas faute d'avoir essayé ! Du temps où il était professeur de gymnastique, le proviseur a reçu plusieurs plaintes de parents pour « attentat à la pudeur » comme on disait à l'époque. Des viols purs et simples, en réalité. De nos jours, il aurait été viré en moins de deux mais à l'époque les plaintes n'aboutissaient à rien. Elles disparaissaient au fond d'un grand sac, les élèves partaient dans d'autres établissements et on n'en entendait plus parler.

— Vous voulez dire que les proviseurs cautionnaient ces crimes ?

Mme Vassor prend un air inspiré, comme si elle avait beaucoup réfléchi à cette question :

— Je crois que les proviseurs — celui du lycée où nous avons exercé ensemble en tout cas — admiraient Sedan, aussi étrange que cela paraisse. Sedan n'était pas grand mais carré, athlétique, beau garçon. Moi, il m'a tout de suite débecquetée avec son côté facho. C'était le début des années quatre-vingt, j'étais socialiste, Mitterrand venait d'arriver au pouvoir… J'y croyais, quoi ! Cela peut paraître naïf mais, face à une créature comme Sedan, c'est ce qui m'a sauvée.

— Sauvée de quoi ?

— Il me semble que si j'avais été moins combative, eh bien, il aurait pu m'arriver la même chose qu'à l'assistante sociale ou qu'à sa pauvre femme…

— C'est-à-dire ?

— L'assistante sociale… Il l'a séquestrée, violée, torturée. Je le sais, j'ai été la voir à l'hôpital. J'ai voulu la convaincre de porter plainte mais elle a préféré se suicider… Vous comprenez ça, vous ?

— C'est assez fréquent malheureusement, dis-je en cachant la stupeur dans laquelle ces révélations me plongent. Et la mère de Thomas ? Que lui est-il arrivé ?

— Il lui a crevé les yeux, assène-t-elle avec simplicité.

Et, devant l'horreur qui se peint sur mon visage, elle s'empresse d'ajouter :

— Oh ! ça n'a jamais été prouvé. Mais tout de même, c'est pour ça que le gosse était si perturbé.

Effarée, je mets quelques instants à replacer l'information dans son contexte.

— Attendez. Est-ce que Thomas Sedan a été témoin de… de l'agression de sa mère ?

— Certainement. Mais il a refusé de témoigner. D'ailleurs, la pauvre femme n'est pas morte immédiatement. Elle est restée à l'hôpital quelque temps avant d'en sortir les pieds devant. Entre-temps, l'affaire s'est enlisée. Alors Thomas, qui était quasiment devenu fou, a vengé sa mère.

— Comment ?

— Il s'est arrangé pour que son père ait un accident. On ne vous a pas raconté ça ?

— Vaguement. Mais le dossier à l'Education nationale est si confus…

Me reviennent en mémoire les images du Têtard sautant à la gorge du pirate qui porte un collier d'yeux autour du cou. Son état bizarre, catatonique.

— Pardonnez-moi d'insister, dis-je en consultant mes notes. Il faut que je mette tout ça bien au clair. Vous dites que Sedan brutalisait sa femme. Comment le saviez-vous ?

— Le gosse n'allait pas bien. Un de mes collègues a décidé de parler directement à la mère. Il a tout de suite compris qu'elle était battue, terrorisée. L'histoire a fait le tour du lycée, plusieurs professeurs ont cessé d'adresser la parole à Sedan, qui s'en fichait complètement. Et puis un jour... Un jour, le gamin n'est pas venu au lycée. Sedan nous a expliqué que sa femme avait eu un accident domestique, que Thomas avait voulu rester auprès d'elle, à l'hôpital. Un enquêteur est venu nous poser des questions sur cette famille ; il nous a appris dans quelles circonstances la pauvre femme était morte. Quand Thomas est revenu au lycée, le garçon gentil et souriant que nous connaissions avait changé.

— Quel âge avait-il ?

— Onze ans, il était en sixième. Il fabriquait des petits avions, éclatait de rire au moindre reproche, tant et si bien que le proviseur a menacé de le renvoyer. Vous ne savez pas ce que le gamin lui a répondu ? « Vous avez trop la trouille de mon père ! »

— Personne ne tentait quoi que ce soit pour aider cet enfant ?

Elle prend un air vertueux :

— Au sein de l'Education nationale, on ne dénonce pas les collègues.

— Même si ce sont des brutes sadiques ?

— Vous savez, quand il se passe quelque chose d'atroce dans votre entourage, vous commencez toujours par nier ! Et puis Sedan était devenu gentil. Il se donnait du mal pour son fils. Il avait même demandé à une collègue l'adresse d'un psychologue. Très habile, vous ne trouvez pas ? En tout cas, ça a marché. Au bout de quinze jours, tout le monde plaidait en sa faveur.

Plus personne ne croyait le gamin, sauf l'assistante sociale et moi, la militante syndicale, l'emmerdeuse patentée.

— Et l'accident ?

— Il s'est produit deux ou trois mois plus tard, environ. La haine du gamin n'avait pas faibli, son comportement restait détestable. Un jour où son père faisait cours dans le grand gymnase, il lui a lancé un défi. Il faut vous dire que le père Sedan a été une gloire de la gymnastique acrobatique française. Il faisait grand cas de ses médailles. Il a relevé le défi, tout content de montrer de quoi il était capable, j'imagine… Il a grimpé jusqu'au trapèze et il s'est écrasé sur le sol une seconde après.

— Il n'y avait ni tapis, ni filet ?

— Si, mais il est mal tombé : c'est la colonne vertébrale qui a trinqué.

— Qu'est-ce qui est arrivé exactement ?

— Le trapèze avait été badigeonné d'huile. Je me suis souvent demandé si Thomas voulait tuer son père ou seulement l'humilier publiquement.

— Donc à nouveau enquête et tout le tintouin…

— Pas du tout : Le petit s'est dénoncé tout de suite. Comme son père ne voulait pas donner suite et que le proviseur n'en était plus à un mensonge près, le rapport a conclu à un accident.

En bas, les lampadaires de la rue viennent de s'allumer. Tout en remplissant à nouveau nos verres, je fais observer à Mme Vassor que ses relations avec Sedan père n'ont pas dû être de tout repos.

— Il ne s'en est jamais pris à vous ?

— Je ne lui en ai jamais laissé l'occasion ! A partir du moment où j'ai su qu'il battait sa femme, je ne l'ai plus laissé m'approcher.

Je sursaute en entendant sonner à la porte d'entrée.

— Ce sont Omar et Dalila avec le dîner, annonce mon interlocutrice.

Elle ouvre à deux gamins rieurs qui portent d'énormes cartables et deux boîtes en plastique étanches. Je me lève pour partir.

— Flanquez-moi cette ordure au trou, m'ordonne-t-elle avant de refermer la porte. Ce sera bon débarras.

25

Tout compte fait, le secret du Têtard ne s'est pas révélé mieux gardé que la moyenne. A l'instar du mien, il a suffi de flairer la piste, de la suivre, de frapper à la bonne porte. Bingo.

Je m'engage sur le périphérique, habitée d'une sainte colère, en route pour un djihad personnel que je veux sans merci. L'enregistrement de mon entretien avec la professeur de sciences — effectué à son insu, je le reconnais — a rejoint dans ma serviette les différents rapports, photocopies de rapports et comptes-rendus que j'accumule depuis la mort de Jennifer. Certes, on peut me reprocher d'avoir été un tantinet brouillonne au départ, d'avoir trop attendu pour mobiliser mes forces, mais je me suis ressaisie.

Le commissariat n'est plus qu'à une dizaine de kilomètres et je sais que le Têtard s'y trouve. En souvenir de notre pitoyable romance, je tiens à l'avertir, les yeux dans les yeux, que demain dès l'aube je me rendrai dans les bureaux de l'I.G.S. pour raconter non pas ma vie mais la sienne. Pour m'en empêcher, il faudra juste qu'il me tue.

Mon portable tout neuf m'arrache à ce grisant avenir.

J'hésite à répondre, craignant une irruption de la horde dans le cours déjà tumultueux des événements, mais ce n'est que Sheila.

— Véra ? Qu'est-ce que vous fabriquez ? Personne n'arrive à vous joindre !

— Mon contrat ne stipule pas que je doive rester disponible vingt-quatre heures sur vingt-quatre, Sheila, ou alors j'ai mal lu…

— Je vous passe Etienne, susurre-t-elle.

Genre fais-la-maligne-tu-m'amuses.

— Véra ? s'enquiert Etienne, pressé. Est-ce que tu peux passer au Centre avant ce soir ?

— Pas si je peux l'éviter. Je te rappelle que j'ai bossé plus de soixante heures cette semaine ; d'après les journaux, la plupart des gens touchent le même salaire que moi pour la moitié de ça.

— C'est que… On a reçu un coup de fil du patron…

— Et ?

— Apparemment, il y a eu des plaintes…

— Contre qui ? Contre moi ?

— Oui. Ça vient d'en haut. Paul Belmont est fou de rage. Ecoute, je ne sais même pas comment te le dire, c'est tellement dingue…

— Vas-y, bon sang !

Je m'inquiète d'autant plus qu'Etienne est du genre direct. Ces atermoiements ne lui ressemblent guère.

— Les flics te cherchent. Belmont t'accuse d'avoir kidnappé son fils.

— Pardon ?

— Il a porté plainte. Le patron est hystérique. Euh… Jusqu'à nouvel ordre, tu es virée.

Que répondre à cela ? Rien. Absolument rien si ce n'est que le congé tombe bien parce que j'ai un peu de ménage à faire. A part ça, j'entrevois concrètement ce que cela signifie : d'abord les petites annonces du *Quoti-*

dien du médecin, puis chercher un nouveau cabinet, attendre que le téléphone sonne, que le carnet de rendez-vous se remplisse…

— Véra ? Pour l'instant on fait comme si je n'étais pas arrivé à te joindre, ça te va ? Tu n'es pas au courant.

— Merci, Etienne. Tu sais quoi ? Je vais aller m'expliquer directement avec Belmont. Je ne suis pas très loin de chez lui. Après, je me rendrai au commissariat. C'est complètement ridicule, il faut que je tire ça au clair.

— Méfie-toi. On dirait qu'ils ont l'intention de t'arrêter.

Ben, tiens. Il suffisait d'y penser. La garde à vue serait brève mais j'en sortirais discréditée, sans emploi et sous le coup d'une enquête de la part de l'administration de l'hôpital qui m'empêcherait d'exercer pendant un siècle ou deux. Une mise hors circuit totale et définitive.

— Etienne, je ne sais pas comment te remercier. C'est vraiment sympa…

— Je tiens beaucoup à toi, chère collègue, déclare-t-il avant de raccrocher.

Ma bagnole en fait une embardée qui manque de m'envoyer dans le décor.

Au fil des ans, l'exercice de la psychiatrie m'a rendue sinon méfiante, du moins prudente. Circonspecte. J'estime en savoir assez sur Belmont pour garer ma voiture aux alentours de sa propriété et non à l'intérieur. Vu les circonstances, un peu de parano ne peut pas me faire de tort.

Je m'apprête à appuyer sur le bouton de l'interphone en bas du jardin quand une grosse voiture blanche troue la nuit de l'autre côté de la grille, en provenance de la maison. Les deux battants du portail s'ouvrent électroniquement. A l'abri du faisceau des phares tournants, j'observe l'ambulance qui passe discrètement devant moi, fantomatique, son gyrophare clignotant en silence. Qu'est-il encore arrivé aux Belmont ? Je me secoue juste à temps pour me glisser à l'intérieur de la propriété avant que le portail ne se referme.

Les rideaux du salon laissent apparaître une silhouette faisant les cent pas, le portable contre l'oreille. A en juger par les cinq voitures garées devant la maison, il y a de la visite. J'aperçois bien un pied, une cigarette au bout d'une main, un sommet de crâne dépassant du canapé, mais rien de plus. Le véhicule du Têtard n'est nulle part en vue.

Les photos de mon dossier médical ont-elles déjà circulé ? Je devine sans peine les plaisanteries graveleuses qui doivent courir à mon sujet. J'entends d'ici les ricanements quand je me présenterai devant Belmont. Les murmures : « Alors c'est vrai ? C'est possible ? Je te jure, j'ai vu les photos. A mourir de rire. » Mon doigt reste suspendu dans le vide. Je ne peux pas affronter ça. Je ne peux pas sonner.

Après avoir contourné la maison, j'arrive devant la porte de service. Même si, officiellement, je prétends vouloir éclaircir la question du kidnapping, au fond j'ai surtout envie de me venger, de faire quelque chose de vicieux, de me situer sur un terrain où ils ne m'attendent pas.

Comme prévu, la porte de service n'est pas fermée. Je traverse la cuisine encombrée de boîtes de chez Flo, de restes de foie gras et de plateaux repas à demi dévorés. Pas de trace d'humanité, juste un désordre impersonnel et sale.

Je connais les lieux. Je me glisse dans l'escalier et monte à l'étage, éprouvant un certain plaisir à me déplacer dans cette maison incognito. Le salon est en effervescence. Des sonneries de portable résonnent toutes les dix secondes, la porte d'entrée claque, des bribes de conversation me parviennent, des voix autoritaires, stressées. Sans doute ces mêmes personnes ont-elles contemplé Céline Belmont sur le bord du toit, le soir de son anniversaire. Laure Pascal était-elle invitée ? Cela semble évident. Je me souviens clairement avoir senti, ce soir-là, la présence d'une autre femme. Une flopée d'indices impalpables sont restés stockés dans ma mémoire sous forme d'intuition, attendant de pouvoir être déchiffrés. Je comprends tout à coup que Laure Pascal représente la seule personne capable de tuer Céline Belmont sans se faire remarquer. Qui soupçonnerait une invitée en robe du soir ? Qui se souviendrait des faits et gestes d'une jolie femme, autrement dit d'une potiche ?

Je retrouve la fenêtre où je m'étais postée pour parler à Céline. De cet emplacement, les mansardes du grenier, situées juste au-dessus, demeurent invisibles. Par contre, n'importe qui pouvait parfaitement nous observer d'en haut.

Je me rue dans le petit escalier qui mène sous les combles. Au rez-de-chaussée, des gens s'engueulent, de nouvelles personnes arrivent. L'ambiance n'a pas l'air au beau fixe. Dans le grenier, les trois ouvertures permettaient en effet de suivre la progression de Céline Belmont sur la corniche. Posée par terre, oubliée là depuis des semaines, je retrouve la bouteille en plastique poussiéreuse et vide aperçue lors de ma première visite. A ce moment-là, je n'avais aucune raison d'y prêter attention. Les tuiles encore poisseuses confirment mes soupçons. On a versé assez d'huile à cet endroit pour que Céline Belmont n'ait aucune chance de garder l'équilibre. Une fois sur la corniche, sa retraite était coupée. Elle ne pouvait que sauter… ou tomber.

Le fait que Laure Pascal ait éliminé, de ses blanches mains, la femme de son amant ne me surprend pas vraiment. Ce n'est pas joli-joli mais, somme toute, assez classique. Ce qui me dérange, c'est qu'elle ait profité des conseils d'expert du Têtard.

Je saisis délicatement la bouteille d'huile par le col, en prenant soin de couvrir mes doigts avec la manche de mon chemisier pour ne pas abîmer les empreintes. Je redescends très vite, sautant silencieusement les marches, mes sandales plates s'enfonçant dans la moquette beige. Je traverse la cuisine en flèche pour me retrouver dans le jardin. Je ne tiens plus à m'expliquer avec Belmont. Je préfère attendre en lieu sûr l'ouverture des bureaux de l'I.G.S.

— Docteur Cabral ? articule une voix dans le noir.

Le lieutenant Marcioni braque son arme de service sur ma poitrine. Je reste clouée sur place. Sa main froide se pose sur mon poignet tandis qu'il m'examine avec suspicion.

— Qu'est-ce que vous fabriquez ici ?

Il me palpe rapidement pour vérifier que je ne porte pas d'arme. A dieu ne plaise. J'éprouve pour ces choses une sainte horreur.

— Qu'est-ce que vous faites avec ça ? Vous volez des bouteilles vides maintenant ?

— Oh ! Foutez-moi la paix, d'accord ? Je suis venue expliquer à M. Belmont que je n'avais pas kidnappé son fils adoptif.

Blanc.

— Et… comment a-t-il pris la chose ?

— Bien. Il a parfaitement compris. Nous sommes convenus qu'il s'agissait d'un stupide malentendu et il va retirer sa plainte.

— Quand ça ? interroge Marcioni, sarcastique.

Je me drape dans ma dignité :

— Dès demain.

— Paul Belmont est mort depuis deux heures, docteur. Il s'est tiré une balle dans la tête devant ses invités.

Marcioni n'attend pas que je sois revenue de ma surprise pour m'éloigner de la maison. Je ne m'explique pas son attitude mais je ne lui oppose aucune résistance. Sans un mot, nous traversons le jardin en sens inverse. En arrivant devant le portail, il tapote un code sur un cadran fixé à la grille et déverrouille la porte pour nous permettre de sortir. Le déclic après notre passage m'apprend que le verrou se remet en place automatiquement. J'avoue que je comprends de moins en moins.

Une fois devant ma voiture, j'estime de mon devoir de m'expliquer :

— Ecoutez, lieutenant, j'espère que vous ne me prenez pas pour…

— Nous sommes dans le même bateau, coupe patiemment Marcioni. Moi aussi, je cherche l'assassin de Céline Belmont. Mais moi, au moins, je suis flic.

— Qu'est-il arrivé à Belmont ? Il s'est vraiment tué ?

— Oui. Il y a dix invités dont le témoignage ne peut pas être mis en doute. Il leur a fait une belle vacherie en sortant son pistolet de sa poche à la fin du repas.

— Mais… pourquoi ? Il a donné une explication ?

— Il a laissé une lettre où il explique que c'est la seule façon de sauver son gosse. Vous savez, celui que vous avez mis au vert…

Je proteste aussitôt :

— Je ne pouvais pas le confier au Centre après ce qui est arrivé à Jennifer. Je n'ai plus confiance en personne.

— Je ne vous donne pas tort. A la guerre comme à la guerre. Vous avez eu une petite altercation avec Laure

Pascal, n'est-ce pas ? Eh bien, Manuel a été condamné à mort à la suite de votre visite. Pour punir Belmont de vous avoir fixé rendez-vous ce jour-là ou d'avoir autorisé cette séance de cirque, je ne sais pas.

Je laisse échapper un cri de révolte :

— Mais c'est absurde ! Belmont n'était même pas là !

— Aucune importance. C'est leur logique. Mais tout ça c'est fini. J'ai des preuves et je vais m'en servir.

— Et Manuel ? Jusqu'à quand faudra-t-il le protéger ?

— Il ne risque plus rien puisqu'on ne peut plus faire pression sur Belmont. Vous pourrez lui chercher de nouveaux parents dès demain. Il hérite de tout, ça devrait vous faciliter la tâche.

Dans la nuit, les bacchantes de Marcioni luisent d'un éclat argenté. Je me tiens à une certaine distance. Il a beau affirmer que nous sommes du même côté, je ne lui accorde pas toute ma confiance. C'est dire dans quel brouillard j'évolue.

Je suis sur le point de demander des précisions concernant les preuves qu'il prétend avoir découvertes quand des phares puissants nous aveuglent. Une voiture freine brutalement pour s'arrêter à ma hauteur dans un crissement de pneus.

— Véra !

Marcioni se fige. Le Têtard jaillit de sa voiture, faisant claquer sa portière.

— Véra, où étais-tu ?

Le tutoiement choque Marcioni qui me toise avec inquiétude. Il se demande tout à coup s'il n'a pas eu tort de me faire des confidences.

— Bonsoir, docteur, articule-t-il, glacial.

Et puis, après une brève hésitation, il ajoute :

— Je vous rends votre permis.

Quel permis ? Il me tend une carte rose plastifiée

avec un regard qui m'ordonne de me taire. J'obéis machinalement et glisse le document dans mon sac. Ignorant délibérément le capitaine, Marcioni grimpe dans son véhicule et démarre.

Le Têtard suit des yeux la voiture qui s'éloigne mais je l'arrache à sa contemplation :

— Je t'interdis de m'appeler par mon prénom ! Ni par mon prénom, ni de quelque façon que ce soit ! Tu n'es rien pour moi ! Tu ne seras jamais rien qu'un cinglé de plus et j'en soigne des centaines !

La colère jaillit en un flot fétide qui me grise. Je ne me connais plus.

— Véra, arrête…

— Je t'en foutrais des Véra, espèce de malade. T'es juste bon à enfermer avec ton père ! Tu ne vaux pas mieux ! T'es même pas un bon flic ! Tu veux me tuer maintenant ? Vas-y, ne te gêne pas ! Je m'en fous !

— Personne ne va te tuer, murmure-t-il.

— Oh non ? Monsieur est trop bon ! Monsieur préfère peut-être se taper la queue en regardant les radios de mon cul ! C'est du salé, hein ?

— D'accord, je n'aurais pas dû faire ça…

— Exact. T'aurais pas dû.

— Mais tu ne dois pas te faire opérer ! s'emporte-t-il soudain. Tu ferais la connerie de ta vie ! C'est pour ça que j'ai raconté ces bobards à ce vieux con ! Je ne pouvais plus supporter de l'entendre faire sa pub pour sa camelote, comme si tu n'étais pas assez bien ! C'est pour toi que je l'ai fait, Véra, seulement pour toi…

Une brume glaciale se pose délicatement sur nos épaules, transparente, pénétrant chaque fibre de nos vêtements d'été.

Quand je reprends la parole, mes mâchoires bloquées laissent filtrer un filet de voix :

— Comment… tu as su ?

— Ton téléphone est sur écoute, dit-il comme si cela allait de soi. Depuis le début.

— Eh ben, vous avez du temps à perdre dans la police !

— Je dois reconnaître que… vous êtes assez bavards dans la famille. Mais tu sais, ça m'est égal que tu sois…

— Au contraire, c'est excitant…

En deux enjambées, il est sur moi et me serre contre lui.

— Pourquoi pas ? chuchote-t-il à mon oreille. Pourquoi un homme ne t'aimerait-il pas telle que tu es ? Pourquoi devrais-tu ressembler à toutes les femmes ?

Voyant que je ne réagis pas, il m'écarte de lui et me tient à bout de bras comme une poupée de chiffon.

— Je t'aime, Véra, énonce-t-il avec ferveur. Je n'ai jamais aimé personne comme ça…

Je le regarde droit dans les yeux, sans ciller :

— Rends-moi mon dossier.

— D'accord. Viens dans la voiture, il fait froid.

Je me réfugie dans la mienne, côté volant. Sans se décourager, il s'installe sur le siège du passager. Je fais tourner le moteur et branche le chauffage en rêvant follement d'un climat tropical.

— C'est pour ça que tu m'en veux ? demande-t-il. Pour cette histoire de dossier ?

A l'entendre, un péché aussi dérisoire mérite automatiquement l'absolution.

— Tu ne sais pas ce que c'est que l'amour, Véra…

Mais c'est qu'il me ferait presque rigoler, l'enfoiré. Je le coupe sèchement :

— Toi non plus tu ne sais rien de l'amour. Tu es resté fixé quelque part dans le passé et tu souffres. Il faut que tu te fasses soigner, Thomas.

Pour toute réponse, il croise les bras avec un petit rire triste. Nous restons silencieux, moi appuyée contre la portière, recrue de fatigue, contemplant avec amertume ce profil que j'ai pu trouver beau.

— Où est Manuel ? demande-t-il.

— Tu sais très bien que je ne l'ai pas kidnappé.

— Quel con, ce Belmont. Il a négocié n'importe quoi, et après il n'a pas eu le courage d'assumer.

— Qu'est-ce qu'il a négocié ?

Le Têtard hésite. A demi dressée sur mon siège, je l'attrape aux épaules et le secoue de toutes mes forces, mon visage à deux centimètres du sien, scrutant ses yeux éteints :

— Thomas ! Dis-moi la vérité ! Qu'est-ce que Belmont a négocié ?

— La sécurité de Manuel, explique-t-il à contrecœur. Il a obtenu une libération conditionnelle pour Touchet en échange de la promesse qu'il ne s'attaquerait pas au garçon…

J'en bégaie :

— Mais… mais… Touchet était tout de même moins dangereux derrière des barreaux !

— Détrompe-toi. Quelqu'un d'autre aurait tué l'enfant à sa place. Il est le maître.

— Quel maître ?

— Il est celui-qui-doit-être-obéi.

Libre à moi de comprendre ou de ne pas comprendre. Il me parle du fond d'un abîme, d'une terre inconnue, ravagée, stérile, qui n'engendre que souffrance, mort et chagrin. On ne distingue que la moitié de son visage dans la nuit, tandis qu'il m'appelle de ce rivage obscur, résigné d'avoir échoué là. Aucune vaine révolte ne l'anime, aucune autre rébellion que celle de son étrange passion pour moi.

Je me glisse contre lui, il enfouit son visage dans mes cheveux, dans mon cou, me serrant à m'étouffer. Je suis sa femme, sa sœur, sa bouée, sa seule planche de salut.

Je ne peux pas douter de lui. Encore moins le haïr. Je m'entends murmurer :

— Thomas, Thomas, tu peux t'en sortir.

Il s'écarte et m'observe avec indulgence :

— Tu ne crois pas toi-même à ce que tu dis, remarque-t-il avec un sourire.

— Tu n'as pas le choix. Tu dois te séparer d'eux. Tout de suite. Vite.

— Tu ne sais pas ce que tu demandes… C'est impossible.

— Tu fais partie de ce… club ?

— Depuis longtemps. Depuis que j'ai compris que j'étais… que je devais obéir.

Cet aveu me donne envie de hurler. On s'enfonce à chaque pas vers toujours moins d'espoir. Pour sortir d'une perversion, il faut du temps, de la volonté, mais surtout de la chance. Or, jusqu'à présent, le Têtard ne m'a pas semblé du genre chanceux. Plutôt l'inverse. Néanmoins, en bon petit soldat, je monte à l'assaut de la forteresse.

— Thomas, débarrasse-toi de ton père. Contrairement à ce que les gens croient, la maladie mentale, c'est contagieux. Commence par désobéir à ton père. Il a commis plusieurs crimes. Il doit être interné.

— Je ne peux pas.

— Pourquoi ?

Il semble désorienté. Sans m'en rendre compte, je me suis écartée de lui.

— Je déteste cet homme, admet-il, je l'ai toujours haï. Je voyais ma mère souffrir et je me jurais de l'emmener très loin. Je ne comprends pas comment elle a pu l'épouser. Je lui aurais posé la question si elle avait vécu. Maman, comment as-tu pu te tromper à ce point ? Qu'est-ce qui t'a plu chez lui ? Pourquoi t'es-tu mariée ?

De sa voix devenue douce et caressante, il poursuit

avec son cher fantôme un dialogue familier. Son sourire indulgent, quand il s'adresse mentalement à elle, m'indique qu'il le fait souvent, peut-être même constamment. Cet homme vit sans doute plusieurs vies, chacune bien cloisonnée pour éviter de fâcheux télescopages comme celui dont j'ai été témoin lors du piratage de l'avion. Combien de temps peut-on tenir dans un tel système ?

— Je ne vois toujours pas pourquoi tu protèges ton père, dis-je avec une feinte désinvolture.

— Oh ! je ne le protège pas. C'est moi qui l'ai cloué sur un fauteuil roulant. Je m'occupe simplement de le maintenir en vie…

Je secoue pensivement la tête :

— Non, non, mon vieux. C'est plus compliqué que ça… La vérité, c'est que ta mère et toi vous n'osez pas anéantir votre bourreau…

— Il a besoin de moi…

— Comme un vautour a besoin de sa charogne ! Tu n'es rien d'autre pour lui qu'un être à moitié mort, qu'il dévore lentement… Il fait partie de ce club lui aussi ?

— Non. Il aimerait bien, mais pour eux il n'est qu'un vieux fou incontrôlable. Il n'a que moi, je t'assure.

L'angoisse sort de ses pores comme une liqueur nauséabonde, sa bouche grimace. Il en devient laid. Je ne suis pas assez forte pour vaincre cette angoisse. Il voit les larmes dans mes yeux, le découragement, l'impuissance.

— Pardon, murmure-t-il. Pardon pour tout…

D'un geste rageur, je lui tends mon portable.

— Fais le 09, c'est le numéro abrégé du Centre d'intervention. Demande à Etienne d'aller chercher ton père et de l'interner. Vas-y. Fais-le.

— Ce n'est pas légal…

— Tu es un putain de flic, je suis un putain de psychiatre, t'inquiète pas pour la légalité.

— Et après ?

— Après on ira dormir chez moi.

— Et après ?

— Tu choisiras un psy qui t'apprendra à désobéir. Et tu auras la peau de Touchet.

Il reste interdit, pétrifié, mais je soutiens son regard sans broncher. Un ange passe.

— Tu sais, Belmont n'était pour rien dans la mort de sa fille, finit-il par expliquer. Touchet a tué l'enfant parce qu'il avait désobéi.

Beurk. Ça ne s'arrêterait donc jamais ?

— Qu'est-ce qu'il a fait ?

— Il a soutenu un projet de loi concernant les crimes sexuels à l'Assemblée. Touchet lui a prouvé que ça ne servait à rien. Le maître est au-dessus des lois. Il frappe quand il veut, où il veut.

— Et Céline ?

— Céline a découvert l'existence d'un lien entre son mari et l'assassin de sa fille sur les disquettes que tu as embarquées. Elle a mis en place les pièces du puzzle et elle a compris. Elle voulait faire sauter la baraque…

— C'est-à-dire le club ?

— Oui. Elle voulait nous détruire mais nous sommes trop nombreux à avoir besoin du club… Nous ne permettrons pas qu'il disparaisse…

— Tu te rends compte que vous tuez des gens ?

— Accidentellement ! Ils viennent pour souffrir et… il arrive parfois un accident.

— Et Jennifer ?

— Jennifer a porté plainte. Elle a désobéi.

— Arrête de dire n'importe quoi, m'écrié-je. Ce n'est pas à Touchet qu'elle a désobéi, c'est à son père !

— Peu importe.

— Ah bon ? Et comment ça ?

Il détourne les yeux.

— Les victimes doivent rester des victimes, profère-t-il d'une voix monocorde. Il y a ceux qui dominent et ceux qui sont dominés. Le maître n'accepte pas les rebelles. Aucune sorte de rebelle. Et moi je dois obéir, je dois les dénoncer.

Un long soupir s'échappe de ma poitrine. C'est donc cet homme qui prétend m'adorer ? Quelle victoire. Quelle ivresse. Je le regarde, éperdue, désespérée.

Il lit dans mes pensées. Tout à coup, il s'empare de l'appareil que je tiens dans la main et compose le code du Centre.

— Mon père est très malade, docteur, explique-t-il à un interlocuteur que je devine être Etienne. J'estime qu'il est dangereux. Oui… D'une certaine façon, c'est une urgence. J'aurais dû le dénoncer depuis longtemps mais je n'ai pas pu. C'est une décision très pénible…

Bla bla bla. La conversation dure au moins un quart d'heure, Etienne n'étant pas du genre à traiter ce style de coup de fil à la légère.

— Le docteur Cabral est déjà intervenue auprès de mon père. Je lui avais demandé de ne pas vous le dire. Il… Il l'a agressée. Elle a accepté de ne pas porter plainte à condition que je le fasse interner… Non, je ne veux pas être présent, je n'aurais pas la force… Faites attention, il est armé.

Ensuite, il reste un long moment silencieux, fixant la route au-delà du pare-brise, les grands arbres qui ondulent doucement dans la nuit. Je mets le moteur en marche en déclarant fermement :

— Allez, on va se coucher.

— Et ma voiture ?

— Tu demanderas à un de tes sbires d'aller la chercher. Ou tu te la feras piquer. On s'en fout.

Il ne répond rien. Il pleure.

26

Nous rentrons à Paris sans échanger un mot. Par égard pour l'état de tension dans lequel se trouve mon passager, je passe les vitesses en douceur, démarre souplement aux feux tricolores, sans précipitation, sans à-coups. Un vrai corbillard.

— Où vas-tu ? demande-t-il, tout à coup. Montmartre, c'était à droite.

J'ai presque oublié le son de sa voix. Elle me paraît plus âpre que dans mon souvenir, chargée d'une inquiétante rancœur.

— J'ai changé d'avis. On ne va pas chez moi. Je t'emmène chez un ami.

Il bondit, alarmé :

— Mais je n'en ai rien à foutre de ton ami !

— C'est un excellent psychiatre.

Je repère une place, attaque mon créneau tandis qu'il m'observe avec des yeux où la déception se mue lentement en une rage qu'il contrôle à peine.

— Allons chez toi, insiste-t-il. Ne me fais pas ce coup-là. Pas ce soir. Je t'en prie.

— Ecoute, on ne va pas se raconter d'histoires. Ce

n'est pas de moi dont tu as besoin, c'est d'abord d'un psy. Il faut que tu t'en sortes.

Pas de réponse. Je ne détourne pas mon regard mais je commence à me sentir très mal.

— Véra, grince-t-il, j'ai vendu mon père. Le minimum que j'exige en retour, c'est de ne pas me faire couillonner. Tu peux comprendre ça ?

J'en reste éberluée :

— Comment tu dis ? Tu as « vendu » ton père ? Mais Thomas, pour vendre, il faut qu'il y ait échange, bénéfice. Contre quoi as-tu échangé ton père ?

— Contre toi.

— Tu veux dire que faire interner ton père te donne le droit inaliénable de coucher avec moi ?

Son silence est éloquent, ses yeux sur moi pleins de boue.

— J'ai fait ça pour toi, affirme-t-il, si bas que je l'entends à peine. Je te veux comme je n'ai jamais voulu personne.

— Menteur. Tu l'as fait pour toi. Pour sauver ta peau.

Nous chuchotons, effrayés par la fureur de nos propres voix. Où est l'amour auquel j'ai un tout petit peu cru ? Où est la tendresse ?

J'ajoute avec lassitude :

— Qu'est-ce que j'en ai à foutre de ton père ? Un dingue en liberté de plus ou de moins, qu'est-ce que ça change pour moi ? Je ne suis pas chargée de nettoyer la planète. C'est de ta vie qu'il s'agit, pas de la mienne.

— Tu es une belle salope.

— Thomas, je...

Il a ouvert la porte, bondi sur le trottoir.

— Ne réapparais plus jamais devant moi, Véra, déclare-t-il avant de refermer doucement la portière. Ou je te tue.

Selim vient m'ouvrir en pyjama. Je m'attends à le réveiller mais ses enfants se sont réfugiés dans son lit au milieu de la nuit et il ne s'est pas rendormi. Il paraît enchanté que je vienne meubler son insomnie et je constate très vite que son esprit fonctionne à plein rendement.

Dans la cuisine, des traits multicolores barrant les jours d'un grand calendrier m'indiquent que Chimène revient dans une semaine. Nous nous faisons du café et des œufs pendant que je lui raconte toute l'histoire depuis le début. Pendant un bon quart d'heure, il écoute ma logorrhée sans chercher à l'interrompre. Pas d'exclamations, pas de commentaires, pas de questions, rien. Et puis je finis par me taire. Ça m'a fait un bien fou.

— Ce flic est bel et bien le rabatteur que tu cherchais, conclut-il en allumant une cigarette. Il oriente des victimes potentielles vers le club, d'autant plus facilement qu'elles sont toutes prêtes à croire à ses mensonges. Je suppose qu'il s'arrange aussi pour étouffer les affaires qui tournent mal. Sa position lui octroie une liberté d'action formidable et avant qu'il soit soupçonné… Ce qui m'étonne c'est que tu aies mis autant de temps à t'en rendre compte.

Je pique du nez dans ma tasse, avouant du bout des lèvres :

— Nous avons une relation bizarre depuis le début. Un jeu de séduction dans lequel j'ai marché… Je ne m'explique pas pourquoi. C'est comme si, d'instinct, il avait senti à quel point j'étais…

— … différente ? suggère Selim avec une naïveté feinte.

J'hésite mais je finis par admettre, à contrecœur :

— C'est un peu ça.

— Un coup de rouge ? propose-t-il.

Il ne consomme pas d'alcool mais garde toujours quelques bouteilles pour ses amis. J'accepte avec reconnaissance. Je me sens à bout de forces.

— C'est toujours la même histoire, fait-il en remplissant mon verre. On envoie des signaux malgré soi et il se trouve toujours quelqu'un, rarement la bonne personne, pour les recevoir cinq sur cinq. L'essentiel c'est d'avoir résisté.

— Il me dégoûte !

Selim m'étudie un moment avant de déclarer gentiment :

— Mais non.

— Tu as raison. Il devrait me dégoûter mais il me fait surtout pitié. C'est bizarre mais au lieu de le détester, je le plains.

Je pique une cigarette dans son paquet avant de poursuivre, comme si la question était réglée :

— A ton avis, qu'est-ce que je fais maintenant ? Une déclaration à l'Inspection générale des services ?

— Si tu y vas seule, ça risque de n'aboutir à rien. Il te faudrait un allié dans la place. Le vieux lieutenant que tu as croisé chez Belmont, il n'a pas l'air de porter ton Têtard dans son cœur ?

— Marcioni ? Pourquoi pas ? Je l'appellerai demain.

— Tout de suite.

Son ton me rappelle que la situation dans laquelle je me trouve nécessite des mesures d'urgence. Je fouille dans mon sac à la recherche du numéro du commissariat quand je retrouve le papier plastifié rose que m'a donné Marcioni. C'est un vieux permis de conduire que j'examine avec curiosité avant de le tendre à Selim :

— Regarde. C'est lui.

Sur la photo d'identité on reconnaît le Têtard, à l'âge de dix-huit ans, qui fixe l'objectif avec des yeux revenus de tout.

— Si mes calculs sont bons, fait Selim, il a donc trente-deux ans…

— Je me demande pourquoi Marcioni m'a donné ce document…

Et puis, je lis. Et je comprends. Au moment où ce permis a été délivré, le jeune Thomas était domicilié à Ménilmontant, dans un immeuble que j'ai visité très récemment. Ce qui signifie qu'à dix-huit ans, sept ans après la mort de sa mère, le Têtard logeait chez Mme Vassor.

Je m'assieds lourdement sur une chaise, la tête pleine de papillons noirs. Ainsi la sympathique Mme Vassor a pris quelques libertés avec la vérité. Elle connaît le capitaine bien mieux qu'elle ne me l'a laissé entendre.

— Quel intérêt aurait-elle à mentir ? demandé-je à Selim. Ce n'est pas sur le Têtard que j'enquêtais mais sur son père, dont elle m'a d'ailleurs dit pis que pendre…

Plongé dans ses réflexions, Selim rumine un bon moment avant de se décider à répondre :

— Au fond, elle ne t'a appris que des choses qui ne te servent à rien ou que tu aurais pu apprendre en posant des questions ailleurs. Le passé de Sedan est mort et enterré. Elle a simplement contribué à faire interner un vieux fou.

— D'accord, mais cette relation entre le Têtard et Mme Vassor doit avoir une certaine importance puisque Marcioni a jugé utile de m'avertir.

— Et si c'était grâce à Mme Vassor que le Têtard a rencontré le maître ? demande soudain Selim. Il t'a dit lui-même que son père n'a rien à voir avec les Jardinières.

— Attends, tu veux dire que la Vassor aurait été une Jardinière ?

— Et pourquoi pas ? Ces gens-là forment une sorte

de secte. Même quand ils ne sont plus dans la course physiquement, ils essaient de garder le contact, de se rendre utile. Ils sont dépendants, tu comprends ? Ils ont besoin du maître comme d'air pour respirer. Ils ne peuvent pas s'éloigner de lui. Peut-être que cette femme fournissait des petits garçons à Touchet…

— Je ne crois pas que les enfants aient jamais intéressé ce type-là.

— Et les adolescents ?

— C'est différent.

J'avais aperçu des corps adolescents sur la bande démo des Jardinières. Jamais de visages toutefois, rien qui puisse attirer les foudres de la brigade des mineurs. Ces gens-là savent se montrer très prudents. Il faut dire qu'ils bénéficient de l'expertise d'un des leurs.

— Appelle Marcioni, ordonne Selim.

Je compose le numéro du commissariat.

— Docteur Cabral à l'appareil, passez-moi le lieutenant Marcioni.

— C'est à quel sujet ?

— Une urgence.

Voilà, ça y est. Le flic de service se décide à me situer dans la case des fonctionnaires habilités à communiquer directement avec les gradés :

— Désolé, docteur, le lieutenant est parti à la retraite. Vous ne saviez pas ? Il a donné son pot d'adieu hier.

27

Le soleil tapant sans ménagements sur mon oreiller me réveille vers midi. Avant de bouger un cil, je fais le compte des coups que j'ai pris depuis ma rencontre avec le Têtard, des plaies petites et grandes, béantes, purulentes, suintantes, visibles et invisibles de mon âme. Cet inventaire détaillé ne me menant nulle part, j'appelle Hélène au Centre pour demander des nouvelles :

— Je suis toujours virée ?

— En principe oui, répond-elle d'un petit ton guilleret. Mais le mot d'ordre de grève est maintenu. Je sors d'une réunion du syndicat, ils ont voté à l'unanimité.

— Une grève pour moi ?

— Pour toi ou n'importe lequel d'entre nous qui serait viré pour des raisons politiques. Tu comprends, si nos élus se mêlent de psychiatrie, on va se retrouver chez les soviets.

— Ah oui. Je vois.

— C'est le principe d'une psychiatrie libre et indépendante que nous défendons. Non seulement pour pouvoir exercer notre métier mais pour protéger les citoyens de ce pays.

Comme elle a raison. Et comme je me sens loin de

tout ça, aussi déconnectée de ce sublime combat que s'il se déroulait quelque part sur la lune. J'ai l'impression d'être à la fois pitoyable et écœurante.

— A quelle heure comptes-tu arriver au Centre ?

— Pas tout de suite. Je voudrais passer voir le petit Belmont.

— Ah. C'est bien. Tu l'as installé où ?

Autant rester vague :

— A Paris, dans un foyer d'accueil. Allez, salut. J'arrive dès que c'est possible.

Peu soucieuse d'affronter d'autres questions, je raccroche en hâte et compose ensuite le numéro de mes parents. A ma grande consternation, je tombe sur Karine à l'autre bout du fil. Frisquette.

— Tu n'es pas au bureau ? dis-je, étonnée.

— Comme je n'arrivais pas à te joindre, je me suis dit qu'en collant aux basques de tes deux S.D.F., je finirais bien par te mettre le grappin dessus. Apparemment, j'ai vu juste.

Mon Dieu, mon Dieu, j'ai déjà la guerre : Où est la paix ?

— Le visa de Moïse expire dans deux semaines, précise-t-elle non sans une certaine acidité. Tu as fait quelque chose ?

Un battement de cœur, deux. Je me lance :

— Non.

— Bon.

— Comment bon ?

Moi qui m'attendais à un torrent d'insultes, je suis presque déçue. Elle émet un rire désabusé :

— J'ai rompu. Evidemment, ç'aurait été élégant de lui offrir sa carte de séjour en cadeau de rupture mais tu ne comprends rien à l'élégance…

— Je peux parler à Bébé ?

Elle me fatigue. Ils me fatiguent tous. Je cherche

mentalement où j'ai pu planquer mes amphétamines. A moins que le Tranxène ne soit plus indiqué. Je ne sais plus.

— Téléphone à la « Horde ». Didier avait besoin d'une serveuse, il l'a engagée.

— Tu déconnes ?

— Non, pourquoi ? Elle se tournait les pouces, la pauvre gosse. Maman a horreur qu'on l'aide, tu la connais…

— Et Manuel ?

— A l'école avec les enfants de Rosemarie. A propos, Maman compte sur toi pour les prendre à la sortie des classes. Tu en profiteras pour parler à Maxence, il n'a toujours pas réintégré le domicile conjugal.

— Mais je travaille, bordel ! On m'attend au Centre ! Ils se sont mis en grève à cause de moi !

— Déjà ? Remarque, je les comprends. Avant que tu arrives ils étaient peinards, maintenant c'est l'enfer.

Il me reste juste assez de temps pour être devant l'école à seize heures trente et déposer les enfants chez mes parents avant de me rendre à l'Inspection générale des services. Malgré ce programme chargé, je prends le temps de composer un nouveau numéro de téléphone. J'en ai pour une minute.

— Monsieur Kachelsky ?

— C'est moi.

Une belle voix grave, éduquée.

— Bonjour, monsieur, je suis le docteur Cabral, psychiatre expert auprès des tribunaux. J'enquête sur une de vos anciennes professeurs de lycée, Mme Vassor…

— …

— Monsieur Kachelsky, vous êtes toujours là ?

— Qu'est-ce que vous voulez savoir ?

— Je suis désolée de réveiller de mauvais souvenirs,

monsieur, mais c'est très important. Mme Vassor prétend vous avoir aidé lorsque vous avez été agressé par votre professeur de gymnastique, M. Sedan. Est-ce vrai ?

La voix devient froide et métallique :

— C'est complètement faux. Cette femme ne m'a jamais aidé. Elle a seulement fait semblant.

— Comment cela ?

— Elle a fait croire à mes parents qu'en tant que déléguée syndicale, elle voulait la peau de Sedan. Ils ont écouté ses bons conseils et ma plainte est allée droit aux oubliettes.

— D'après vous, pourquoi aurait-elle fait une chose pareille ?

— Vassor était la maîtresse de Sedan. C'était de notoriété publique au collège. Comme j'étais très perturbé après mon agression, mes parents n'ont pas voulu me croire. Quand ils se sont réveillés, c'était trop tard. On nous a fait comprendre que ma plainte n'avait plus aucune chance d'aboutir.

— Vous savez que Sedan a tué sa femme ?

— Oui. Mais j'avais déjà quitté l'établissement à ce moment-là…

— Il a été interné hier soir. Il répondra de plusieurs crimes, dont celui qui vous concerne. Enfin, si vous jugez utile de porter plainte après si longtemps…

Cette fois le silence se prolonge un peu.

— Je ferai tout pour avoir la peau de cet homme, déclare enfin mon interlocuteur.

Une demi-heure plus tard, je piétine dans la cohue sur un bout de trottoir de la rue Saint-Maur, au milieu des enfants qui s'échappent du portail, courent, crient, happés par les mamans et les baby-sitters. Tout le monde parle à tout le monde et, toute fière d'avoir pensé à acheter des pains au chocolat, je me sens enfin appartenir à quelque chose de gai, de léger.

Maxence arrive avec sa classe. Non sans un léger pincement au cœur, je constate que son escapade l'a rajeuni de dix ans. Il ne paraît pas spécialement ravi de me voir mais comme il s'attend à ce que chacun d'entre nous tente de le faire rentrer au bercail, il s'arme de patience. La foule nous octroie une petite poche d'intimité car on me prend pour une mère discutant de son enfant avec l'instituteur. Il est très vite évident que Maxence n'a pas l'intention de reprendre la vie commune avec Rosemarie, quels que soient mes arguments. Manuel me sauve d'un complet ridicule en faisant irruption, les joues roses d'excitation. Il ne se montre pas étonné de me voir. Au contraire, cela nous paraît naturel à tous deux. Il me crie qu'il a passé la meilleure journée de sa vie et je le serre contre moi en tournoyant, nez contre nez, front contre front. Pendant ces quelques secondes de bonheur pur, j'oublie que je n'ai pas la moindre idée de ce que je vais faire de lui.

Une silhouette traverse mon champ de vision, celle d'une femme aux cheveux gris coupés court, vêtue de jean. Comme dans un rêve, je la vois se pencher vers ma nièce Judith qui sort de l'école et lui parler. Je lâche doucement Manuel. Pourquoi Mme Vassor prend-elle Judith par la main et la fait-elle traverser ?

Je crie :

— Judith !

Je fonce, bousculant les gens, trébuchant sur les cartables, à travers la foule qui s'ouvre à peine pour me laisser passer et se referme aussitôt. Je me dévisse le cou pour ne pas perdre Judith de vue. Elles s'approchent d'une berline foncée conduite par un homme un peu chauve au visage très pâle. Touchet.

— Judith !

Docilement, l'enfant monte à l'arrière avec Mme Vassor. La voiture démarre au moment où je m'extirpe de la foule pour déboucher en trombe sur la chaussée. Touchet m'entend crier le nom de ma nièce car il tourne la tête de mon côté et m'adresse derrière la vitre un sourire froid. Le visage de la prof de sciences demeure impénétrable. Je les vois arriver au feu vert au bout de la rue. Par la vitre arrière, le visage rond de Judith me fixe d'un air étonné.

28

Carrefour de la place de Clignancourt, le périphérique puis l'autoroute direction Compiègne. Des histoires de personnes se tuant sur la route ou retenues par un contrôle de gendarmerie alors qu'on les attend quelque part me viennent à l'esprit. La moindre erreur de ma part et ce sera la mort de Judith.

Je les ai perdus de vue depuis longtemps mais je connais leur itinéraire. L'ex-femme de Touchet m'a parlé de cette maison et m'en a donné l'adresse lors de ma visite. J'essaie plusieurs fois de joindre Marcioni mais son portable reste déconnecté.

Ainsi la mort de Belmont n'empêche pas le filet du maître de se refermer sur ma chétive personne. Désormais, je suis dans sa ligne de mire. C'est moi qu'il faut punir. Sa stratégie de haine et de mort l'a amené à s'en prendre à Judith, ma nièce, presque ma fille. A cause de moi, le malheur va entrer dans ma famille par la grande porte.

De son côté, le Têtard est sans doute en train de déployer tous ses talents pour étouffer le scandale du suicide de Paul Belmont. En désespoir de cause, j'essaie de le joindre au commissariat où on m'explique qu'il est en conférence avec le ministre et qu'il ne peut pas être dérangé. De toute façon, qu'aurais-je pu espérer ? Me voilà empêtrée dans un piège qui me fait transpirer à pleins seaux. Je dois négocier avec ces deux hommes, les convaincre que tuer Judith ne servirait à rien.

Après avoir garé ma voiture hors de vue, je me présente devant l'entrée du 7, allée des Marronniers, une porte peinte en noir, ornée d'une boîte aux lettres et d'une poignée. Le pavillon, datant du siècle dernier, se dresse derrière une grille de fer forgé tarabiscotée. C'est une maison cossue, sans grandeur. Le jardin forme sur le devant une bande assez mince. Partout la vigne vierge mange la façade, recouvrant entièrement des volets à jamais fermés. Je remarque pourtant, çà et là, des traces de présence humaine, comme si l'abandon dans lequel se trouve la maison était plus affecté que réel.

Pas de sonnette. Les gonds grincent à peine quand je pousse le battant. En proie à un profond sentiment de malaise, j'avance sur le chemin de ciment qui mène au perron étriqué desservant la porte principale. De la rue bordée de maisons maussades ne me parvient aucun signe de vie, aucun bruit. Pas étonnant que Touchet ait choisi ce coin, on s'y sent plus isolé qu'en rase campagne.

D'une main ferme, je saisis le marteau pour frapper à la porte. Psychiatre en intervention. Rien de spécial. Pas transpirante, pas de panique.

Un grésillement électrique m'avertit que la voie est libre. Levant les yeux, je découvre alors l'inévitable œil rond d'une caméra.

L'intérieur de la maison est plongé dans une demi-obscurité, à peine éclairée par l'aumône que prodiguent de méchantes ampoules nues au plafond. A côté de la porte, un portemanteau lourdement chargé attire mon regard. Intriguée, je fais quelques pas avant de stopper net avec l'impression que mon cœur se décroche et tombe dans mes talons.

Suspendu dans son vieux blouson de cuir, les bacchantes pendant sur son plastron ensanglanté, le lieutenant Marcioni a cessé de vivre.

Un cri perçant déchire le silence. Je me rue dans le couloir en direction du bruit. Je hurle :

— Judith ! Judith, où es-tu ?

— Véra ! Je suis là ! Viens, je t'en prie !

Je suis sur le point de me mettre à courir mais je me retiens juste à temps. Ne pas s'affoler. Délivrer Judith, mais ne pas penser à Judith sinon panique. A tous les angles, des caméras fidèles et silencieuses suivent mes gestes.

Ils m'attendent dans le salon encombré de meubles bancals, couverts d'une couche de poussière qui accentue l'atmosphère de désolation des lieux. Le petit visage gonflé de larmes de Judith, tassée dans un coin du canapé de velours élimé, me paraît très loin. A côté d'elle, assise toute droite contre le dossier, une cravache sur les genoux, Mme Vassor m'observe. Mon regard va de la cravache à l'enfant mais je parviens à conserver un masque impassible.

— Vous avez croisé le lieutenant Marcioni, docteur, articule une voix suave dans mon dos. Comment l'avez-vous trouvé ?

Il se tient près de la fenêtre, à contre-jour, à peu près tel que je l'ai déjà vu, pas très grand, tout habillé de gris.

Je réponds avec une indifférence calculée :

— Vous vous êtes mis à combien pour faire ça ?

J'espère de tout cœur que Judith n'a pas vu le cadavre, qu'ils l'ont suspendu dans l'entrée après son passage. En attendant, ma question a provoqué le rire de Touchet, un petit rire de gorge très doux, précieux, qui laisse soupçonner soit un problème hormonal, soit une affection des cordes vocales. Je penche plutôt pour les hormones.

— J'ai l'impression que vous me sous-estimez ! J'ai fait ça tout seul, bien entendu ! Je n'ai besoin de personne pour m'amuser. Au contraire, la plupart du temps, les gens ne servent qu'à gâcher la fête. Il y a toujours un moment où ils reculent. Moi, je n'ai pas de limites, ma chère Véra.

— Je ne suis pas votre « chère Véra ».

— Vous serez ce que je veux, rétorque-t-il aimablement.

— Ça va, Touchet, arrêtez votre numéro. Vous n'êtes pas tout-puissant. Ce n'est pas parce qu'un petit flic de merde comme Sedan vous protège que vous pouvez vous permettre n'importe quoi.

— Ce flic de merde, comme vous dites, vous trouvait très à son goût. Ça va mieux d'ailleurs. On dirait qu'il s'est un peu repris. Il a bien voulu nous indiquer l'école de votre nièce. Vous le remercierez.

Pendant qu'il parle, je me suis approchée de Judith et je lui caresse les cheveux avec un petit sourire d'encouragement. La pauvre gosse s'accroche à ma main, sentant que nous ne sommes pas tirées d'affaire, que j'ai besoin de tout son courage. Elle tremble. Nerveusement, je fouille dans ma besace à la recherche d'un médicament pour la soulager, ignorant Touchet et sa compagne qui m'observent comme un spécimen rare de cafard.

— C'était vous, la cravache dans ma voiture ?

J'essaie de faire diversion pendant que je coupe un quart de Lexomil pour Judith.

— C'était moi, confirme-t-il, flatté qu'on reconnaisse son habileté. Je venais d'être libéré, mon premier soin a été de vous mettre en garde. Dommage que vous n'ayez pas pris mon avertissement au sérieux.

Le Têtard, lui, savait ce que je risquais. Voilà enfin la clef du mystère de son apparition chez mes parents ce soir-là. Il surveillait Touchet. Il me protégeait, à l'époque.

Me tournant vers Judith, je pose le quart de Lexomil sur sa langue :

— Avale tout rond. Je te soignerai quand on sera rentrées.

La cravache de Mme Vassor se lève sur elle au moment où elle avale le comprimé. Elle hurle, moi aussi. Je me jette sur sa tortionnaire pour lui arracher la cravache des mains. La voix de Touchet me parvient comme dans un cauchemar :

— Vous préférez que je tue votre nièce, docteur, ou seulement que je la blesse ?

Je me retourne lentement, abandonnant la cravache à Mme Vassor. Touchet, sourire aux lèvres et arme au poing, vise tantôt la tête de Judith, tantôt ses jambes. Ils ont gagné.

— Vous allez nous regarder corriger cette petite, docteur, susurre Touchet, et vous ne bougerez pas d'un cil.

— Certainement pas. Réfléchissez, Touchet, qu'est-ce que j'ai à perdre ? De toute façon, vous allez tuer Judith et moi avec. Autant choisir la voie rapide. Vous êtes un vrai con, mon vieux.

Ma respiration saccadée rend ma voix presque sifflante.

Comme si on avait appuyé sur un bouton, Mme Vassor me saute à la gorge. Je la repousse brutalement et l'envoie se rasseoir sur le canapé. J'aurais pu cogner beaucoup plus fort, mais je dois me concentrer sur Touchet. Il a reçu mon message cinq sur cinq. Je perçois que me tuer ne fait pas partie de ses projets immédiats.

Il m'a fait venir dans un autre but et se sert de Judith pour me soumettre, selon la méthode qui lui a toujours réussi.

J'enchaîne très vite :

— Allez, Touchet, c'est quoi, le but ? Pourquoi m'avez-vous attirée ici ?

— Tuez-la, maître, conseille gentiment la Vassor.

— Toi, la salope, ta gueule.

Ma vulgarité ébranle Touchet qui, en bon dominateur, n'apprécie guère les surprises. Sa rigidité attribue à chacun une case précise dont il n'imagine pas — tant il a fortement conscience de sa puissance — qu'on puisse s'échapper.

Pourtant, il voit bien que quelque chose ne fonctionne pas exactement comme prévu. Il devine que, perdu pour perdu, je vais l'obliger à me tuer et découvre avec ennui que le désespoir et la peur ne sont pas automatiquement des facteurs de soumission. Question de dosage.

Je me rappelle à son souvenir en aboyant :

— Qu'est-ce que tu décides, connard ? Note bien que je m'en fous. A l'heure qu'il est ma famille a déjà alerté les flics. Tu ne t'en sortiras pas.

— Taisez-vous, ordonne-t-il posément. Vous me fatiguez.

Je fais fausse route. Je ne le trouble en rien, je ne l'agace même pas. Il bâille presque. Il donne le sentiment d'attendre quelqu'un. Je prie pour que cette personne n'arrive pas trop vite, et surtout pour que ce ne soit pas le Têtard. Beaucoup de prières pour une seule femme.

29

Judith s'est endormie. On nous a enfermées dans une chambre qui pue le moisi au premier étage, une de ces pièces dont la vigne vierge a recouvert les volets, les gommant de la façade aussi sûrement que s'ils n'avaient jamais existé. L'atmosphère y est étouffante, l'air irrespirable. Assise au bord du lit sur lequel Judith repose, sa robe d'été dissimulant à peine une grande balafre sur sa peau douce, je tente de rassembler mes esprits.

Ils ont fouillé mon sac, me privant de ma trousse d'intervention et de mon portable. Pour le reste, le seul point positif me semble l'absence de caméra. Ce que nous pouvons fabriquer dans cette pièce ne présente donc aucun intérêt pour Touchet. Il ne risque rien pour la bonne raison que nous ne pouvons rien tenter. Je m'efforce de visualiser en détail le moment où on viendra nous chercher. La théorie selon laquelle Judith ne représente qu'un accessoire s'est pour l'instant vérifiée. Si je la cache quelque part, même de façon rudimentaire, et que je m'empresse d'obéir, ils l'oublieront peut-être. Il me semble primordial qu'on ne la voie pas, qu'on la laisse dormir dans cette chambre aussi longtemps que possible. Avec ce que je lui ai donné, elle ne se réveillera pas avant un bout de temps. Je l'installe donc du mieux possible sous une grosse armoire normande qui écrase la pièce de toute sa masse et sous laquelle, même en regardant bien, elle ne forme qu'un tas de chiffons.

Au fil des heures, l'opacité particulière de l'ombre m'apprend que la nuit est tombée. Ma montre indique presque minuit quand j'entends des pas de l'autre côté de la porte. Je saute sur mes pieds au moment où deux hommes, pantalon de treillis, torse nu et collier de chien hérissé de clous, apparaissent dans l'encadrement de la porte. Les colliers portent un anneau pour permettre qu'on y accroche une laisse, détail particulièrement désespérant mais qui ne suscite aucun commentaire de ma part. A mon grand soulagement, ils ne parlent pas de Judith et ne semblent même pas remarquer son absence. Je les suis sans faire de manières, comme si j'avais été seule dans la chambre depuis le début.

Au rez-de-chaussée, c'est Versailles. Toutes les ampoules qui pendent au bout de leur fil sont allumées et deux hommes en caleçon de cuir, les pieds entravés par des chaînes, nous attendent en bas de l'escalier avec des torches. Je m'arrête devant l'un d'eux :

— Vous savez que vous pouvez vous faire soigner.

Un des cerbères se tourne vers moi :

— Avancez, ordonne-t-il.

Je l'ignore délibérément :

— Je vous assure qu'il y a une vie après le masochisme…

A cet instant, l'homme qui m'a ordonné de continuer assène à mon interlocuteur un coup de poing en pleine face. Le sang jaillit. L'homme lâche la torche, ce qui lui vaut un coup de pied dans les testicules, appliqué avec une science confondante.

Je crie :

— Qu'est-ce qui vous prend ? Il n'a rien dit !

— Ça lui apprendra à vous écouter, déclare la brute.

Le pauvre type en slip de cuir se relève, tout dégoulinant de morve et de sang. Il reprend sa torche et sa position en bas de l'escalier. Son copain en face de lui n'a pas cillé.

Du premier coup d'œil, je reconnais la cave. C'est bien le décor de la vidéo des Jardinières. J'identifie aisément les potences, cages, chevalets et tout un bric-à-brac barbare disposé avec soin à travers ce vaste espace rectangulaire. Par contre, l'estrade de bois qui a été dressée au fond de la pièce me surprend. Un grand rideau en cache les deux tiers, un peu comme une scène de théâtre. Je subodore déjà que le rideau dissimule une sorte d'autel pour les messes noires que célèbre Touchet.

Au centre de la scène se dresse une grande roue de loterie, divisée en quartiers noirs, blancs et rouges, et reliée à des ampoules qui, je le devine sans peine, doivent s'allumer quand la flèche centrale s'arrête sur une case. Les quartiers noirs et rouges constituent des parts égales, les blancs ne forment que de minces bandes, vierges de toute inscription.

— Quel bazar !

J'ai soupiré haut et fort pour montrer que cette chose, à la fois monstrueuse et pathétique, ne m'impressionne pas.

En l'examinant de plus près, je m'aperçois que chaque quartier noir s'orne d'une tête de mort tandis que sur chaque rouge figure un supplice différent tels le pal, l'écartèlement, les tenailles, etc. Comme les instruments afférents sont clairement identifiables dans la salle, la finalité de cette roue de loterie apparaît clairement : le supplice de la victime est tiré au sort. Je me demande si Jennifer a été obligée de faire fonctionner elle-même la roue, tombant successivement sur le fouet et la mort.

Ce que je ne m'explique pas, c'est la présence d'un immense écran vidéo sur le côté, ainsi que d'ordinateurs posés sur une table. Le public me paraît nombreux. Se peut-il que ma présence représente une telle attraction ? Et pourquoi ?

Sans attendre qu'on m'y invite, je m'avance vers Touchet, posté au bord de l'estrade.

— Dites donc, Touchet, ça vous plaisait tant que ça la prison ? Vous venez de me séquestrer, vous allez peut-être me tuer, mais vous tomberez avec moi. Belmont n'est plus là pour vous aider à sortir.

Sans y penser, je suis revenue au vouvoiement. Au fond, je crois encore à la voie raisonnable. En réponse, j'obtiens un nouveau rire de gorge. On jurerait qu'il est si fier de son rire qu'il ne rate pas une occasion de s'en servir.

— Je me fous complètement de Belmont, cher docteur. Il n'était qu'un parasite inutile et désobéissant. Je n'ai plus besoin de lui pour me couvrir. J'ai mon fils.

Il me montre la porte sur le seuil de laquelle vient d'apparaître mon camarade le Têtard.

Il porte le même treillis que ceux qui m'ont accompagnée. Il est torse nu et ses épaules me paraissent bien plus musclées que je ne l'aurais cru. Pas de collier de chien. Du fouet glissé dans son gros ceinturon, on peut déduire qu'il possède un grade supérieur dans la hiérarchie des esclaves de Touchet, un statut à part.

Brusquement, une vague de mépris déferle en moi avec la violence d'un bain d'acide. Quel bouffon.

De son côté, il n'a pas bougé. Je me vois dans ses yeux, accrochée à mon sac comme une petite bourgeoise perdue au fond d'un bois, mes cheveux d'un roux artificiel encadrant sans pitié mon visage blafard. Non. Lui non plus ne regrettera pas de me perdre.

Je reporte mon attention sur le maître des lieux :

— Si vous en êtes à vous inventer une parentèle, Touchet, je vous plains. Ce petit guignol dont vous vous servez ne mérite pas d'être votre fils. Vous cherchez juste à le flatter, non ?

— Attache-la, ordonne Touchet.

Sans l'ombre d'une hésitation, le Têtard s'approche de moi et me fait grimper sur l'estrade. J'affecte de l'ignorer tout en continuant à parler à Touchet.

— Je suis sûre que vous ne vous sentez même pas proche de lui. En fait, vous ne ressentez jamais rien, sauf quand vous tuez.

Des menottes claquent autour de mes poignets avant la fin de ma phrase. Je regarde le Têtard bien en face en murmurant :

— Tu es content ? C'est bon ?

Il se détourne un peu trop rapidement. Je viens de marquer un petit, tout petit, point.

— Allez-y, docteur, commande Touchet. Faites tourner la roue. Vous avez droit à deux essais. Comme vous l'avez compris, les parties rouges détermineront la punition qui vous sera infligée.

— Et les blanches ?

— Les blanches vous permettent d'échapper au supplice ou à la mort. Vous voyez que nous sommes équitables…

Je contemple l'objet sans bouger, peu disposée à devenir acteur de mon propre martyre. Mais cette éventualité aussi est prévue.

— Si vous refusez de vous exécuter, je procéderai moi-même au tirage au sort, déclare Touchet.

L'idée que je suis en train de perdre cette partie me plonge dans une terreur panique. La seule défense que je trouve, un peu comme si je fouillais dans un magasin ne vendant qu'un seul article, c'est la rage.

— Tu parles d'une bande de cinglés ! Ça ne pourra pas durer, votre truc, vous finirez en tôle ! Il y a une réalité, dehors !

Depuis que je suis entrée, le silence des spectateurs ne cesse de me surprendre. Massés devant l'estrade dans leurs déguisements d'Halloween, ils contemplent la scène d'un air béat. Un peu à l'écart, appuyée contre un mur dans une attitude lascive, une femme en guêpière de cuir et perruque brune m'adresse un sourire machiavélique. Laure Pascal. Je réalise avec horreur que ces gens ont sans doute payé pour me voir mourir. C'est cela qu'ils attendent. Le reste n'est que fioritures.

Une musique de foire éclate dans la salle, perçant mes tympans de son atroce gaieté. Les ampoules clignotent. Touchet vient de faire tourner la roue.

La flèche s'arrête : blanc.

Flottement dans la salle. Ils sont un peu déçus, ça ne doit pas se produire souvent. A vrai dire, je n'en reviens pas moi-même.

— Ah, ah ! s'exclame Touchet, avec son rire faux. Premier essai, blanc ! Serions-nous réunis pour un spectacle fantôme par hasard ?

Murmure désappointé de l'auditoire. Laure Pascal, elle, n'a pas cessé de sourire. Quand elle croise mon regard, elle passe sa langue sur ses lèvres d'un air narquois. Elle doit vouloir me dire que le moment la fait jouir.

Tas d'étrons.

Je m'approche du devant de la scène :

— O.K., Touchet. C'est ma chance, ma seule chance. J'ai le droit de vous poser une question chacun. Vous êtes obligés d'y répondre.

Il hésite, surpris, mais je me suis déjà tournée vers le

Têtard qui se tient à côté de la roue, campé dans ses rangers, les mains croisés derrière le dos.

— Thomas, Mme Vassor était la maîtresse de ton père. Sa complice. Tu ne lui en as jamais voulu ?

— C'est idiot ! glapit la voix de la Vassor. C'est complètement absurde, je n'étais pas complice !

Elle débarque en trombe des coulisses où elle se dissimulait dans l'attente de je ne sais quel coup de théâtre. A moins qu'elle ne soit trop vieille pour faire partie du spectacle.

Je martèle à l'intention du Têtard :

— Vous étiez la maîtresse de Sedan ! Tout le monde le savait ! Vous faisiez en sorte que les plaintes contre votre amant n'aboutissent jamais ! D'ailleurs Kachelsky va retourner devant le tribunal. La loi l'y autorise désormais ! Vous ne vous doutiez pas de ça, hein ?

— Ça suffit ! intervient sèchement Touchet. Ce n'est pas une question, c'est un discours.

Je crie :

— Thomas ! Comment as-tu pardonné à cette femme ?

Touchet lève la main pour me frapper mais je m'écarte à temps et sa main ne fait qu'effleurer mon visage. Je lis ma mort dans ses yeux mais les choses vont assez mal comme ça, un surcroît de menaces ne modifie pas significativement le tableau.

Je m'empresse de continuer :

— A vous de répondre, Touchet. Ça va plaire à vos fans, j'en suis sûre. Comment devient-on le maître ?

Curieusement, la question déclenche les applaudissements du public. Chauffe, Marcel, chauffe.

Un fin sourire errant sur ses lèvres molles, Touchet décide de se laisser fléchir :

— C'est très simple, susurre-t-il. Il y a deux catégories d'êtres humains sur terre : les loups et les agneaux. Beaucoup d'agneaux et peu de loups.

J'ai déjà entendu ces sornettes quelque part mais je ne cherche pas à l'interrompre.

— Les agneaux ont besoin des loups pour les protéger et les loups ont besoin de manger un agneau de temps en temps. C'est la loi de l'univers. Je suis un loup depuis la cour de récréation et, si on me sert bien, on a peu de chance de se faire manger. En échange de cette obéissance, j'octroie à mes agneaux beaucoup de plaisir. C'est important le plaisir, non ?

— Pour les nourrissons, peut-être. Dès qu'on sait marcher, on s'intéresse à autre chose.

— Oui, les gens comme vous, les intellectuels. Mais le commun des mortels est prêt à tout sacrifier pour jouir. C'est de cela que je profite. Au fil des ans, je me suis constitué une petite cour docile d'agneaux qui comptent sur moi pour les faire jouir…

— Comment les recrutez-vous ?

— Ma chère, fait-il d'un ton de reproche, de nos jours, les soumis ne manquent pas !

Fin de la récréation. Touchet commence à en avoir assez. Il fait tourner la roue et tombe, comme par hasard, sur une case noire. Je ne me faisais guère d'illusions mais c'est plus dur que je ne l'aurais cru. La partie est perdue. Le programme pourra s'accomplir normalement.

Le Têtard s'approche de moi avec un morceau de cuir élastiqué de chaque côté. Un bâillon. Je recule nerveusement. C'est plus fort que moi, je m'entends supplier à voix basse :

— Thomas, aide-moi.

Son regard plonge en moi. Une seconde, une fraction de seconde, je perçois l'ombre d'un doute, peut-être d'un regret.

— Thomas, j'ai besoin de toi, je t'en supplie…

Ses yeux me jouent nuit et brouillard. Je l'ai encore perdu.

Je lui glisse entre les doigts pour me planter devant Touchet :

— O.K., Touchet, vous voulez que je fasse un strip-tease ? Le capitaine a dû vous montrer mon dossier, c'est le genre de truc qui le branche. Mais il faudrait programmer ça. Au lieu d'un simple strip-tease, je pourrais vous aider à fonder un site Internet ? On gagnerait plein de fric tous les deux…

— Quelle bonne idée ! s'exclame Touchet, extatique. Quelle excellente idée ! Internet ! Mon Dieu, nous n'y avions pas pensé ! Justement j'ai un décor qui conviendra très bien…

Sur un signe de lui, la Vassor tire les rideaux. Cette fois, nous avons droit à un murmure admiratif de la part de l'auditoire. Hébétée, je contemple fixement la longue table de métal chromé qui vient d'apparaître au centre de la scène, entourée de caméras et de projecteurs qui s'allument un à un, dégageant une forte chaleur. Les étriers d'acier de chaque côté de la table, les instruments de chirurgie soigneusement disposés sur une table roulante, me laissent sans voix.

— Vous voyez, désormais, le docteur, c'est moi, explique Touchet. Vous comprenez pourquoi vous êtes ici ? Pourquoi nous avons vendu les places aussi cher ? Pourquoi nous allons vous filmer ?

— …

— Votre opération est programmée depuis deux semaines ! Elle passera en direct sur notre site Internet — qui existe déjà, soit dit en passant ! — et grâce à vous, nous allons gagner des fortunes !

— Comment… ? Comment le savez-vous ? Peut-être que ça n'intéresse personne…

— Vos radios, les photos de votre appareil génital nous ont déjà valu des millions de connexions, vous vous rendez compte ? Des millions, c'est impressionnant ! Merveille de la technique moderne.

Pendant ce discours, Mme Vassor aide Touchet à enfiler une blouse verte, tel un véritable chirurgien. J'ai du mal à respirer. Il me semble que mon cerveau ne fonctionne plus que par intermittence, avec de grands vides.

Je me sens soulevée de terre. Le Têtard m'a prise dans ses bras pour me porter jusqu'à la table. Le contact de sa peau nue contre ma joue me bouleverse. Pourquoi fallait-il que ce soit la seule peau, la seule odeur qui m'ait émue… Ce n'est pas possible que tout s'arrête là, que ce soit déjà fini. J'ai l'impression de devenir folle. Comme en rêve, je me vois appuyer doucement mes lèvres sur les muscles de sa poitrine. Le contact le fait tressaillir. Désorienté, il se penche un peu vers moi au moment où je pose un autre baiser sur sa peau, furtif et doux. Je soutiens son regard en murmurant :

— Si tu m'aimes un peu, sauve-moi…

Touchet n'a rien vu, trop occupé à donner ses instructions. L'assistance se détourne avec un bel ensemble pour porter toute son attention sur l'écran. Classique. Ils pourront ainsi profiter du spectacle sans se sentir impliqués. Touchet conserve seul le plaisir de me dépecer.

Impassible, le Têtard a libéré mes bras de l'emprise des menottes d'acier pour les attacher en croix avec des lanières. Touchet revient vers moi. Visiblement, il commence à ressentir un semblant d'excitation. De minuscules gouttes de sueur luisent sur son crâne et deux taches roses s'épanouissent sur ses joues glabres. Il saisit une paire de ciseaux :

— C'est embêtant, déclare-t-il, on n'a pas prévu

d'anesthésie. Je risque de vous faire un peu mal en coupant votre jean…

J'essaie de donner des coups de pied avec mes jambes encore libres, déclenchant l'hilarité générale. J'ai beau me tortiller, je ne peux rien contre les lames d'acier qui sont suspendues au-dessus de mon ventre.

Le claquement de fouet résonne comme un coup de feu. Les rires s'arrêtent d'un coup. En une fraction de seconde, les ciseaux ont disparu des mains de Touchet qui se tient le poignet avec une grimace.

— Thomas, siffle-t-il en regardant dans la direction du Têtard. Tu m'as promis…

— Je ne suis pas votre fils, articule le Têtard d'une voix étrange.

Je ne bouge plus d'un cil. Je n'ose même pas le supplier, de peur de l'exaspérer. Je connais assez ces états seconds pour redouter que sa colère ne se retourne contre moi. Ce qui me frappe, c'est que les deux autres ne semblent pas se formaliser autrement de ce volte-face. On dirait qu'ils ont l'habitude de ces bizarreries. La Vassor éponge le front de Touchet avec adoration, certaine qu'il garde la situation bien en main. Pourtant, le visage du Têtard exprime une telle souffrance qu'il donne l'impression d'être sur le point de s'évanouir. Qui voit-il à ma place ? Sa mère suppliant son bourreau ?

Est-il seulement parmi nous ?

— Fort bien, reprend froidement Touchet, tu n'es pas mon fils. Je ne prononcerai plus ce terme s'il te déplaît. Pouvons-nous procéder à l'opération maintenant ?

Le capitaine écoute sans qu'un muscle de son visage ne bouge. Je me demande s'il a entendu, quand je le vois sortir lentement une arme cachée dans son dos. Il vise Touchet qui s'interrompt, le fixe sans comprendre, tétanisé. Il tire au ventre, plusieurs fois. Chaque balle fait mouche, Touchet se plie en avant comme pour contenir le sang qui gicle, et s'écroule.

Avec un hurlement de bête, Mme Vassor se rue sur son maître pour le secourir tandis qu'une hystérie totale s'empare de l'assistance. Les derrières flasques tremblotent dans la lumière glauque, on se marche dessus pour sortir plus vite, ce qui me prouve que ces hommes et ces femmes n'ont pas totalement perdu contact avec la réalité. Ils savent ce qu'ils risquent.

Les yeux pleins de larmes, la Vassor s'est agenouillée devant le corps du maître qui agonise lentement. Le Têtard, aussi indifférent que s'il ne les avait jamais vus, disparaît derrière le rideau pendant une minute et revient, habillé en flic, nouant distraitement sa cravate. Il tient sous son bras une chemise cartonnée d'un bleu passé, gonflée à craquer, que je reconnais sans peine : mon dossier médical.

Il le pose distraitement à deux centimètres de ma tête et sort son portable :

— Sedan sur opération phase terminale. C'est bon, vous pouvez y aller, les gars… Ouais, faites venir une ambulance, il y a du dégât. Non, pas grave.

Phase terminale ? Pour qui ? Pour moi ? Pour eux ? Est-ce que cela signifie que tout était prévu ? Que j'ai servi d'appât pour faire tomber Touchet ? Comment le savoir ? En quelques minutes, il est redevenu un flic normal, comme s'il n'avait jamais cessé de l'être. Pas exactement normal mais parfait. Un peu trop parfait.

D'une voix chevrotante, je lui rappelle que mes deux bras restent prisonniers. Il raccroche puis détache mes lanières avec un calme olympien.

— Ça va ? Pas trop de casse ?

Son sourire me donne envie de vomir. J'ose à peine croiser son regard tellement je me sens mal. Je me contente de hocher bravement la tête.

— Tu sais ce que je préfère chez toi ? demande-t-il à voix basse. Ta peau. Tu es tellement pâle à certains moments… Quand tu seras morte, tu seras bleue.

Je me redresse lentement, prends le dossier qu'il me tend sans pouvoir maîtriser le tremblement de ma main. Il faut pourtant que je sache.

— Thomas, pourquoi l'as-tu tué ?… Si tu savais que tu allais l'arrêter, pourquoi le tuer ?

— J'ai eu peur pour toi…

La Vassor se retourne comme une furie :

— Menteur ! crache-t-elle.

Une balle fait exploser son crâne avant qu'elle en dise plus. Détonation, explosion, bris d'os et fragments de cervelle jusque sur nos souliers. Je réalise que je me suis réfugiée dans les bras du Têtard. Nous nous séparons gauchement tandis qu'une sirène se rapproche à toute vitesse.

En sueur, je contemple les deux êtres couchés par terre qui emportent dans la tombe le secret du Têtard. Je sais maintenant que Touchet est mort parce qu'il devenait encombrant, peu discret. L'opération de police programmée par le capitaine n'est qu'une couverture pour le meurtre de ses deux complices. Une part de lui venge sa mère, une autre sauve sa carrière. La plus obscure s'assure la place du maître…

Comment ai-je échappé au massacre ?

Il me soulève par la taille et me pose en douceur sur le sol. Il arrange mes cheveux d'une main légère, referme un bouton de ma chemise. Horrifiée par son geste, par ce qu'il signifie de mensonge, de cruauté et de folie, j'ai envie de hurler.

Une cavalcade résonne au-dessus de nos têtes, des sirènes, des coups de frein, des ordres, le cliquetis des armes. Sans lâcher ma main, le Têtard saute de l'estrade pour rejoindre ses hommes. Je devine qu'il s'arrangera pour ne jamais me revoir. Il sera muté quelque part, grimpera les échelons sans que je tente de l'en empêcher. Nous ne dirons rien l'un sur l'autre. Je fais partie du secret.

Au moment où ses hommes pénètrent arme au poing dans la cave, il effleure ma bouche du bout des doigts avec une ironie étrange :

— La fête est finie, soupire-t-il à regret. Et dire que je t'aimais…

"Psychiatres et psychopathes"

Notre-Dame des barjots
Virginie Brac

Face au cadavre mutilé de la petite amie de son fils, Russel, chef d'une unité d'intervention psychiatrique, n'hésite pas à alerter Véra Cabral, une jeune psychiatre de son équipe. Bien que leurs rapports aient toujours été tendus, il attend d'elle qu'elle diagnostique une crise de démence, qui permette à son fils d'échapper à la prison. Malgré la pression et les menaces, Véra refuse, et décide de mener sa propre enquête.

aux Editions Fleuve Noir

Mon voisin l'assassin

L'homme qui mentait aux femmes

Carol O'Connell

Amanda Bosch est retrouvée morte dans Central Park et identifiée à tort comme Kathy Mallory, jeune officier de la police new-yorkaise. Bien vivante, celle-ci demande à être chargée de l'enquête. Elle identifie trois suspects qui habitent tous trois dans le même immeuble, à Central Park West. Kathy décide de s'y installer afin de s'immiscer dans le quotidien de la résidence et dans celui du tueur.

(Pocket n° 10257)

Achevé d'imprimer sur les presses de

BUSSIÈRE

GROUPE CPI

à Saint-Amand-Montrond (Cher)
en février 2006

POCKET - 12, avenue d'Italie - 75627 Paris Cedex 13
Tél. : 01-44-16-05-00

— N° d'imp. : 60333. —
Dépôt légal : octobre 2002.
Suite du premier tirage : février 2006.

Imprimé en France